PESQUISA PARA O PLANEJAMENTO

MÉTODOS & TÉCNICAS

ROTEIRO PARA ELABORAÇÃO DE PROJETOS

Homenagem

Aziz Nacib Ab'Sáber
Belina Soares
Cláudio de Moura Castro
Clodoaldo Beckmann
Cristóvam Buarque
Fritjof Capra
Israel Gutemberg
João Batista de Melo Bastos
Lindalva da Costa Teixeira
Regina Maria Daguer
Rosângela Maiorana Kzan
Terezinha de Lisieux
Umberto Eco
Urana Harada Ono
Vicente Salles

PESQUISA PARA O PLANEJAMENTO

MÉTODOS & TÉCNICAS

ROTEIRO PARA ELABORAÇÃO DE PROJETOS

MIRANDA NETO

ISBN — 85-225-0501-2

Copyright © Manoel José de Miranda Neto

Direitos desta edição reservados à
EDITORA FGV
Rua Jornalista Orlando Dantas, 37
22231-010 — Rio de Janeiro, RJ — Brasil
Tels.: 0800-021-7777 — 21-3799-4427
Fax: 21-3799-4430
e-mail: editora@fgv.br — pedidoseditora@fgv.br
web site: www.editora.fgv.br

Impresso no Brasil / Printed in Brazil

Todos os direitos reservados. A reprodução não autorizada desta publicação, no todo ou em parte, constitui violação do copyright (Lei n° 5.988).

Os conceitos emitidos neste livro são de inteira responsabilidade do autor.

1ª edição — 2005
1ª reimpressão — 2007
1ª reimpressão — 2011

Revisão de originais: Mariflor Rocha

Revisão: Aleidis de Beltran e Fatima Caroni

Capa: Tira linhas studio

Ficha catalográfica elaborada pela Biblioteca
Mario Henrique Simonsen/FGV

Miranda Neto, Manoel José de
    Pesquisa para o planejamento — métodos & técnicas : roteiro para elaboração de projetos/Miranda Neto. — Rio de Janeiro : Editora FGV, 2005.
    84p. — (Coleção FGV Prática)

  Inclui bibliografia.

    1. Pesquisa — Metodologia. 2. Projetos de desenvolvimento. 3. Projetos — Elaboração. I. Fundação Getulio Vargas. II. Título. III. Série

CDD-001.42

— *Onde é a saída?* — *perguntou Alice.*
— *Depende para onde você quer ir* — *respondeu o gato.*

Lewis Carrol

Algo só é impossível até que alguém duvide e acabe provando o contrário.

Albert Einstein

Pense globalmente. Atue localmente.

Jaime Lerner

Sumário

Apresentação 9

Capítulo 1
A importância da pesquisa 11
Rigor e lógica no pensamento científico 11
Formação do pesquisador: requisitos e treinamento 13
Recomendações úteis 15

Capítulo 2
Metodologia da pesquisa 17
Conceitos 17
Sistema 18
Método 18
Objeto da ciência 19

Capítulo 3
Os métodos de pesquisa 23
Análise 23
Síntese 24
Indução 25
Dedução 26
Objetivismo 26
Subjetivismo 27
Método de pesquisa histórica 27
Método histórico de pesquisa 28
Método estático 31
Método dinâmico 32
Métodos micro e macroeconômico 33
Métodos auxiliares 34
Como escolher o método 36

Capítulo 4
Técnicas de pesquisa 39
Escolha e formulação do tema 39
Definição clara do tema 40
Formalidades necessárias 42
Preparação de um plano de trabalho 42
Modelo de um esquema provisório 43
A técnica de pensar 44
Fontes de informação 45

Capítulo 5
Pesquisa e planejamento 49
Planejamento da pesquisa 52
Estudo de campo 54

Capítulo 6
Operacionalização do planejamento 57
Técnicas de planificação x política econômica 59
A construção do plano 67

Capítulo 7
Roteiro para elaboração de projetos 73

Bibliografia 81

Anexo
Fases da pesquisa 83

Apresentação

Mudar, transformar o difícil em fácil, o complexo em simples, eis o compromisso e o desafio do professor Miranda Neto ao elaborar *Roteiro para elaboração de projetos: métodos e técnicas*. Dedicado aos que pretendem pesquisar a realidade para nela poderem atuar e fruto da experiência do autor como professor orientador, o livro destaca a importância da pesquisa para o planejamento, cujo diagnóstico de dados qualitativos e quantitativos constitui a base essencial ao processo contínuo do desenvolvimento. Ele consegue orientar o estudante na escolha e elaboração do tema do trabalho de conclusão de curso (TCC), tratando de conceito, sistema, método e objeto, fundamentais à pesquisa científica.

Como manual útil, acessível e escrito em estilo agradável, apresenta resumos esquemáticos em cada capítulo que muito auxiliam a fixação didática do conteúdo. Com todos esses instrumentos, a complementação e a atualização permanente das informações conseguem transmitir um quadro da realidade o mais fiel e completo possível, essencial ao planejamento eficaz, o que torna *Pesquisa para o planejamento* indispensável auxiliar na elaboração de projetos de desenvolvimento.

Terezinha de Lisieux
Professora de metodologia de pesquisa
Universidade Federal do Pará

CAPÍTULO 1

A importância da pesquisa

Este livro se destina a cientistas sociais, estudantes de administração, antropologia, economia, sociologia, ciência política e serviço social, para iniciá-los na metodologia e técnica da pesquisa e do planejamento. Dirige-se ainda àqueles que profissionalmente se vêem obrigados a executar trabalhos de pesquisa e elaborar estudos informativos para os diretores das entidades onde prestam serviços. Poderá servir também àqueles que se dedicam à pesquisa, sejam economistas a serviço de instituições públicas, técnicos especializados em um ou outro ramo da atividade econômica ou professores universitários que devem conhecer e dominar a metodologia e a técnica da pesquisa tanto para seu próprio uso quanto para ensiná-las a seus alunos.

Este livro foi escrito porque, embora algumas universidades dediquem certa atenção ao ensino da metodologia da ciência, pouco ou nada oferecem aos alunos para que estes possam aprender a manejar a técnica da pesquisa.

Rigor e lógica no pensamento científico

O universitário que termina seus estudos de graduação e pretende, por exemplo, fazer mestrado ou doutorado, necessita apresentar uma dissertação escrita sobre um tema de livre escolha que, para ser aceita, deve cumprir alguns requisitos, entre os quais:

❏ que o aluno comprove que sabe pensar com critério científico;

❏ que conheça a fundo o tema escolhido para sua tese;

❏ que seu trabalho signifique uma contribuição valiosa à ciência ou ao conhecimento do assunto que tenha sido objeto de sua pesquisa.

Em outras palavras: a dissertação que o aluno apresenta deve ser o resultado de uma verdadeira pesquisa científica que comprovará o grau de preparação de seu autor e, ao mesmo tempo, servirá de base — às vezes mais que o exame oral — para a formação do conceito pelo qual se considera o aluno digno de receber o título que a universidade outorga.

Porém, o valor de uma tese não tem somente esse fim "utilitário", pois o fato de o aluno ter realizado com seu próprio esforço um trabalho científico aprovado e reconhecido como tal pela faculdade lhe proporciona uma dupla satisfação: primeiramente a certeza de que houve um enriquecimento positivo em termos de conhecimento do tema sobre o qual foi feita a pesquisa, passando o aluno a se considerar uma autoridade naquilo que conhece a fundo; e, segundo, a consciência de haver trazido algo novo para a sociedade, algo que poderá ser aproveitado, pois outro especialista poderá tomá-lo como ponto de partida ou de referência para uma pesquisa futura. Essa satisfação psicológica que é transmitida ao autor de uma pesquisa científica proporciona uma certa sensação de segurança, fundamental para afirmar a personalidade de um futuro profissional.

Faz-se necessário, ainda, acentuar que a pesquisa econômica em países que se encontram em desenvolvimento é de especial importância. Para que o desenvolvimento seja levado a cabo de forma ordenada e orgânica, é indispensável que haja uma permanente orientação baseada em pesquisas conscientes. Existem inúmeros exemplos malsucedidos e, às vezes, gravemente prejudiciais que podem resultar numa política econômica ineficaz. O Estado não consegue cumprir sua tarefa de dirigir e orientar o desenvolvimento econômico na forma mais conveniente às necessidades e interesses do povo se não planeja previamente a política a ser seguida.

A cooperação do cientista social é de fundamental importância no que diz respeito aos objetivos a serem atingidos no desenvolvimento dos países latino-americanos (influenciados por fatores que exercem permanente pressão no sentido de um aceleramento no progresso material, tais como o *rápido crescimento da população* e a exigência, por parte das massas, de *elevar seu nível de vida*). Sujeito às políticas estabelecidas pelo Estado, o pesquisador deverá incluir em suas pesquisas o processo de desenvolvimento em todas as suas fases e aspectos, desde a concepção do plano até sua realização. Deverá estudar e estabelecer, em especial, as condições que podem garantir um desenvolvimento equilibrado, levando em consideração a conveniência de determinar prioridades na execução de obras, a relação entre demanda e disponibilidade de recursos etc.

Para os economistas e sociólogos latino-americanos que se formaram estudando doutrinas e teorias estrangeiras, elaboradas sob condições muito

A IMPORTÂNCIA DA PESQUISA   13

diferentes das que aqui determinam o desenvolvimento e o ritmo de suas flutuações, é importante saber discernir com espírito crítico o que aprenderam e o que não podem aplicar às condições em que seus próprios países se desenvolvem.

Formação do pesquisador: requisitos e treinamento

O ensino nas universidades não pode ser diferente para os alunos que desejam se tornar economistas, assessores técnicos, administradores de empresas e os que querem se dedicar à pesquisa em seus mais variados aspectos. A preparação científica básica deve ser igual para todos, sem que isso signifique especialização propriamente dita.

Assim, o ensino da pesquisa deve começar desde os primeiros anos do curso. O professor dos cursos de introdução à pesquisa terá muitas oportunidades para despertar em seus alunos um interesse especial por uma ou outra questão, para fazê-los discorrer sobre teses ou doutrinas, para provocar dúvidas e críticas e, dessa forma, educá-los, desde o começo, a pensar e raciocinar — condições básicas para a formação de um pesquisador.

Durante o segundo ano do curso será difícil exigir dos alunos trabalhos escritos que sejam mais do que simples resumos de obras de alguns autores. O terceiro ano é mais indicado para iniciá-los nas regras e técnicas de pesquisa. A disciplina seminários temáticos pode ser de grande utilidade para isso.

O objetivo do seminário não é exigir que os alunos executem trabalhos de pesquisa especializados, nem deve estar ligado a nenhuma cadeira determinada, pois os temas propostos podem ser os mais variados possíveis a fim de que se adquiram conhecimentos metodológicos e técnicos especializados.

O aproveitamento prático desses conhecimentos será oferecido nos anos seguintes, nos cursos de seminário que se dedicam à pesquisa de temas concretos relacionados com a matéria de determinadas cadeiras ou com questões ou problemas específicos de interesse especial.

Os seminários, que devem abordar vários assuntos para atender às diversas inclinações dos alunos, cumprem seu objetivo quando dão aos estudantes a oportunidade de aplicar, em um caso prático de pesquisa, o que aprenderam no seminário e, com isso, contribuem de forma eficaz para dar-lhes a preparação necessária para trabalhar em temas escolhidos para suas teses.

Um jovem recém-saído da universidade, que se sente com vocação de pesquisador, deve saber que isso apenas não basta para que se torne realmente um pesquisador. Embora tenha estudado com afinco, obtido magníficas notas e, enfim, reunido todas as condições para um jovem que queira se dedicar à carreira de pesquisador, falta-lhe ainda algo muito especial para alcançar êxito em sua profissão.

A satisfação que o aluno tem ao saber que dispõe de um acervo de conhecimentos muito superior ao que é comum será sempre incompleta e superficial se esses conhecimentos não forem assimilados por ele de maneira que se transformem em parte de seu verdadeiro patrimônio intelectual. No entanto, esse processo de transformar o aprendido em "saber próprio" requer tempo e treinamento.

Além disso, embora a faculdade possa ter-lhe dado uma boa preparação em todas as disciplinas necessárias para sua profissão, ela não consegue transmitir-lhe experiência — esse indispensável complemento de sua educação científica —, que só pode ser adquirida em contato direto com a vida prática e as tarefas concretas que desempenhará.

Não é fácil para o cientista social em começo de carreira convencer-se de que a bagagem de conhecimentos teóricos que possui não é muito aplicável a casos concretos. É possível que ele logo se dê conta de que as conclusões tiradas de estudos não se adaptam à realidade. Percebe então que, às vezes, teoria e realidade são coisas distintas. Tampouco faltará oportunidade ao jovem para compreender que nem tudo que se diz e se escreve constitui a última verdade possível. Exemplos mostram que as conclusões derivadas da observação da realidade são mais importantes que as elaborações teóricas.

Enfim, *sólida preparação científica, experiência prática* e *critério realista* são as três condições básicas que fazem um bom pesquisador e dão valor à sua atividade. Há ainda uma quarta condição que poucos possuem, já que não está ligada a estudos ou experiências; é, sim, um dom que faz daquele que o possui um verdadeiro pesquisador. Segundo Keynes, "um *economista maestro* deve ser matemático, historiador, estadista e filósofo. Deve entender de símbolos e saber expressar-se em palavras. Deve estudar o presente à luz do passado e com vistas ao futuro".

A IMPORTÂNCIA DA PESQUISA   15

Resumo

- Dúvida + crise → necessidade da pesquisa.
- Noção de sistema: nada existe isolado, desvinculado de seus relacionamentos e dos fatores causais.
- Interdependência entre os fenômenos.
- Globalização e evolução: a experiência histórica.
- Rigor e lógica: indispensáveis ao pensamento científico.
- Formação do pesquisador, treinamento indispensável. Requisitos necessários:
  - sólido preparo científico;
  - experiência prática;
  - espírito crítico → critério realista, sensibilidade.

Recomendações úteis[1]

1. Justifique e caracterize o *tema*. Faça um *plano de trabalho*. Provoque algumas *questões* instigantes (p. 39-44).

2. Escreva de modo *impessoal*. Use frases curtas e estilo *límpido* e despojado. Mas não descreva o óbvio.

3. Evidencie as *hipóteses de trabalho* (ou prováveis causalidades dos fenômenos socioeconômicos) mediante informações e observações próprias da realidade até as obtidas com instrumentos não-convencionais.

4. Revise e *reescreva* até tornar o texto articulado, lógico, coerente, baseado em um *esquema teórico interpretativo*. Cite autores reforçando seu ponto de vista e enriquecendo alguns argumentos consistentes.

5. Ilustre a dissertação com *dados estatísticos* comentados, gráficos e *figuras* que melhorem a compreensão do texto e tornem mais evidentes as características dos problemas e/ou fenômenos.

---

[1] Ver anexo "Fases da pesquisa".

6. Para aumentar a clareza e sintetizar a exposição das idéias segundo um encadeamento lógico e coerente, elabore *resumos* dos capítulos e das conclusões da monografia.

7. Organize a *bibliografia* relacionando os trabalhos consultados — livros, periódicos e outros documentos — e indique as sugestões para leitura complementar (p. 45).

CAPÍTULO 2

Metodologia da pesquisa

A pesquisa é a mãe de todas as ciências. A inquietação de espírito leva o homem a indagar. Porém ele não se contenta apenas em averiguar o que vê e o cenário que o rodeia. Seu desejo de saber o faz inquirir sobre a origem de tudo, os motivos de sua existência, sua razão de ser. Ao fazer isso, ele se dá conta de que os fenômenos sempre mudam, descobrindo o princípio do desenvolvimento, da evolução; e é natural que a audácia de seu pensamento o incite a discorrer sobre o que vai acontecer no futuro. Assim, o homem adquire um conjunto de conhecimentos sobre os fenômenos, sua natureza, suas causas e sua essência que, quando lhe garantem naquele momento a certeza da "verdade", se convertem em ciência.

Entretanto, a ciência não é simples acumulação de conhecimentos positivos. O essencial, o que condiciona a ciência como tal, é o procedimento que segue para estabelecer, ou reconhecer, o que para ela é a verdade.

Conceitos

Toda ciência tem de cumprir três condições básicas. Certamente deve estabelecer conceitos claros sobre o objeto de sua pesquisa. Isso implica, por um lado, a formação de um vocabulário próprio, ou seja, a terminologia da ciência e, por outro, uma clara definição ou interpretação do significado dos termos com os quais opera. Vemos que cada ciência fala sua linguagem e que, às vezes, somente os iniciados a entendem.

Algumas vezes, no entanto, não é fácil dar a um fenômeno ou conceito uma definição exata. Além do mais, as definições têm seus inconvenientes. Toda definição pode resultar incompleta e, assim, limitar a sua aplicabilidade prática ou mesmo, por querer abarcar tudo, resultar tão complicada e ampla que se preste apenas a interpretações ambíguas ou arbitrárias. De qualquer maneira, deve-se exigir do pesquisador que, quando não for possível dar uma definição exata e concisa, descreva os fenômenos de que fala e deixe estabelecido claramente em que sentido quer que se entenda determinada palavra ou conceito.

Sistema

Os conhecimentos individuais e isolados que reconhecemos em nossa observação e experiência não bastam para nos satisfazer. Queremos conhecer a natureza dos fenômenos, suas causas, as relações que existem entre eles e a forma como se condicionam mutuamente. Para isso, temos que classificá-los num agrupamento orgânico, dar-lhes uma ordenação lógica, natural e sistematizada, pois só assim podemos conhecer seu significado e essência e chegar a conclusões úteis que sirvam a nossos propósitos.

Toda ciência precisa basear-se em um sistema que estabeleça regras e princípios claros. No sistema, os conhecimentos individuais se unem a um todo organicamente ordenado, facilitando nosso entendimento.

Podemos distinguir em dois grandes grupos os sistemas de interesse científico: os *sistemas naturais* criados pela natureza, e os *sistemas artificiais* construídos pelo homem. Pertencem aos primeiros os sistemas astronômicos, biológicos, geológicos etc. Entre os sistemas estabelecidos pelo homem, com o objetivo de agrupar de modo lógico idéias, conhecimentos ou preceitos que derivam de suas pesquisas, estão os sistemas das ciências filosóficas, das ciências políticas, sociais e econômicas e muitos outros.

Todos os sistemas podem mudar e, na realidade, estão sempre mudando, em parte ou em sua totalidade. Uns, porque descobrimos novos elementos que completam ou modificam nosso conhecimento da essência dos fenômenos da natureza; outros porque se adaptam às mudanças que se produzem em nosso modo de pensar e viver. Essa evolução é conseqüência do progresso humano e dos procedimentos cada vez mais refinados que nos servem para chegar ao que chamamos "verdade".

A economia tem sofrido profundas mudanças de sistema: mercantilista, fisiocrático, socialista, capitalista. Todos os sistemas econômicos, produtos da necessidade de desenvolvimento, têm influído substancialmente no pensamento econômico e social de suas épocas, assim como os grandes personagens representativos dessas idéias influíram de forma decisiva na orientação da política.

Método

A essência do que chamamos científico reside na exatidão dos dados apurados e dos conhecimentos que proporciona. Toda pesquisa precisa ser feita de acordo com o método científico.

O método, como procedimento ordenado que deve ser seguido para estabelecer o significado dos fenômenos aos quais dirige o interesse científico e assim chegar à "verdade", é a terceira condição básica de toda a ciência. Uma pesquisa somente proporciona conceitos claros sobre os fenômenos quando é levada a cabo de forma metódica. O método facilita a sistematização dos nossos conhecimentos e idéias fazendo com que, finalmente, possamos descobrir as leis ou regulamentos a que estão submetidos os fenômenos. Embora cada ciência tenha seus métodos específicos, todas têm algo em comum: para realizar qualquer pesquisa e tirar dela conclusões concretas e utilizáveis é imperativo fazer quatro perguntas, aplicáveis a todos os casos, seja qual for o objetivo da pesquisa.

A primeira pergunta, *o quê?, de que se trata?*, é dirigida ao objeto de nosso estudo, e com ela, limitamos seu alcance. A segunda, *como?*, requer uma indagação sobre a evolução histórica, o desenvolvimento do fenômeno. Afinal, a terceira pergunta: *por quê? qual a origem, a causa? o que desencadeou o fenômeno?*

Se conseguirmos responder satisfatoriamente as três perguntas, a pesquisa científica terá cumprido seu objetivo, ou seja, terá nos proporcionado tudo que quisemos saber. Porém, se a ciência nada acrescenta ao progresso da humanidade, perde a sua finalidade. Assim, a meta principal de qualquer pesquisa científica deve estabelecer conclusões derivadas da análise dos fenômenos e da observação das leis às quais estão submetidos os seus processos evolutivos. Assim, para que a pesquisa científica seja completa, deve-se responder direta e implicitamente à quarta e última pergunta: *que ensinamentos podemos tirar de seu resultado? e de que forma podemos aproveitá-lo melhor?*

Objeto da ciência

Administração, antropologia, economia, sociologia, ciência política, serviço social têm campo de pesquisa claramente delimitado: a vida humana. Além disso, têm reduzido seu material de observação a conceitos de significação própria, ainda que às vezes os tenha tomado emprestado de outras ciências; têm formado seus próprios sistemas dogmáticos como base em suas teorias e, finalmente, têm desenvolvido métodos de pesquisa apropriados para servir a seus fins específicos.

Na realidade, a questão do objeto da ciência tem sua importância prática e o resultado de uma pesquisa depende em grande parte do método que se aplica a essa pesquisa. Por isso, antes de descrever os métodos da ciência, convém definir os fins que se deseja alcançar.

As ciências humanas estudam a sobrevivência dos homens e o conjunto de ações e atividades destinadas a assegurar sua existência e a melhorar suas condições de vida.

Keynes introduziu na teoria econômica a consideração de certos fatores psicológicos que explicariam os motivos para a conduta dos homens. No terceiro livro de sua *Teoria geral*, ele fala de uma "propensão a consumir" que depende:

❑ do montante da renda;
❑ de certas circunstâncias objetivas;
❑ das necessidades subjetivas e inclinações psicológicas dos indivíduos.

De certo modo a teoria de Keynes pode ser qualificada de pouco científica e, no melhor dos casos, de "pré-científica", porque carece de sistematização metódica, sendo apenas algo mais que uma insinuação baseada em impressões subjetivas e empíricas. Não obstante, levou a novas pesquisas que obtiveram resultados interessantes e eventualmente úteis.

Como o objeto das ciências humanas é a sobrevivência dos homens, seu objetivo não pode ser outro que o de estudar a maneira de proceder e atuar dos homens como seres econômicos, as condições que mudam sua conduta e os efeitos que delas derivam. Mas isso implica algo mais. Não podemos nos conformar com a simples análise de situações dadas ou com a comprovação de determinados fenômenos, mas, sim, tirar conclusões de utilidade prática que devem servir, em última análise, à orientação das políticas públicas.

Enfim, a ciência só merece ser considerada como tal se, com suas pesquisas e conclusões, conseguir ajudar os homens, tanto em sua existência individual quanto coletiva, a melhorar e aperfeiçoar cada vez mais seus métodos para alcançar a satisfação de suas necessidades. Ou seja, a ciência deve servir aos homens para fins construtivos, conservando sempre sua independência.

A compreensão dos fenômenos em seu contexto deriva de observação direta da vida, como se mantém, se relaciona e se reequilibra. Quando a configuração de relações entre os componentes sofre ruptura, o organismo fenece. Portanto, as noções de harmonia, estrutura, padrão, realimentação, não-linearidade e auto-organização tornaram-se fundamentais à metodologia de pesquisa. A teoria dos sistemas dinâmicos lida com as características dos fenômenos em vez de quantidade, as conexões nem sempre são evidentes.

METODOLOGIA DA PESQUISA

Interdependência, reciclagem, parceria, flexibilidade e diversidade produzem sustentabilidade, garantindo a sobrevivência das espécies.

Resumo

- Condições básicas da ciência.
- Pesquisa: mãe da ciência. Curiosidade do homem: quais as origens, as causas, a razão de ser de tudo?
- Evolução norteia sistemas sempre dinâmicos.
- Homem sente fascínio em fazer projeções para o futuro.
- De início, torna-se necessário:
    - elaborar **conceitos** claros sobre os objetos da pesquisa
    - relacionar **sistemas**
        - **naturais** como a biosfera
        - **artificiais** como a economia
    - adotar **métodos** ou procedimentos para estudar os fenômenos
- Qualquer que seja o método empregado, quatro perguntas precisam ser respondidas pelo futuro pesquisador:
    - O quê? Do que se trata?
    - Como? De que modo?
    - Por quê? O que causou?
    - E daí? Que conclusão pode-se tirar? Qual a utilidade para a vida prática?
- Objeto das ciências humanas: estudar a vida social e produtiva dos homens a fim de melhorá-la.

CAPÍTULO 3

Os métodos de pesquisa

O método científico não é um só, existem diferentes maneiras de proceder para obter resultados científicos. Cada ciência utiliza seus próprios métodos, embora haja também os que, por corresponder a princípios básicos de nossa maneira de pensar e pesquisar, são comuns a todas as ciências. Os métodos analítico e sintético, indutivo e dedutivo, são de importância fundamental para a construção da base teórica de todas as ciências.

Administração, economia e ciência política somente há pouco tempo têm começado a desenvolver métodos próprios de pesquisa. No fundamental, a metodologia do pensamento teórico, assim como a pesquisa que persegue objetivos práticos, se baseia em procedimentos desenvolvidos por outras ciências como a filosofia, a química, a física. Os métodos científicos propriamente ditos são complementados por certas técnicas auxiliares que têm por objetivo tornar mais fácil a compreensão da tese que se quer demonstrar.

A breve explicação que aqui se dá sobre os métodos de pesquisa quer apenas destacar o mais essencial, sendo, por isso, uma simples descrição das ferramentas de que se dispõe e o uso que delas se pode fazer. Cabe ao pesquisador decidir qual o método mais adequado a um caso particular.

Análise

Para compreender a essência de um todo deve-se conhecer a natureza de suas partes. O químico que determina os elementos ou grupos de elementos que integram um composto, o filólogo que estuda a estrutura de uma obra literária e as raízes das palavras de uma língua para entender o espírito do autor, e outros pesquisadores, todos perseguem o mesmo fim: conhecer com exatidão e em todos os seus detalhes e características o objeto que submetem a estudo. Para isso, utilizam o mesmo método: a análise.

Chamamos analítico aquele método de pesquisa que consiste no desmembramento de um todo, concreto ou abstrato, em seus componentes, ou que trata de descobrir as causas, a natureza e os efeitos de um fenômeno decompondo-o em seus elementos. Este método é imprescindível quando se trata de estabelecer a verdadeira índole de um objeto ou fenômeno; e como a obtenção de conhecimentos positivos é pré-requisito de todas as ciências, o método analítico é de fundamental importância.

A pesquisa analítica deve ser conduzida sistematicamente por várias etapas em escala progressivamente ascendente:

❑ observação de um fenômeno que desperta nosso interesse científico ou que escolhemos para submeter a estudo;

❑ descrição do que vemos ou encontramos. O exame crítico do objeto de nosso interesse é outra fase incluída nesta;

❑ decomposição do fenômeno analisando-o a fim de conhecê-lo em todos os seus detalhes e aspectos;

❑ enumeração das partes que resultam da análise;

❑ ordenação dos elementos em sua função e posição;

❑ classificação e definição dos elementos.

Para completar essa parte de nossa pesquisa, devemos fazer comparações, buscar analogias ou discrepâncias com outros fenômenos. Assim logramos estabelecer relações e coordenar o objeto de nossa pesquisa com outros semelhantes.

A essa altura, a pesquisa chega à sua meta final que é descobrir a regularidade na variação dos indicadores, a unidade na pluralidade dos fenômenos ou, em outras palavras, as causas que os determinam.

Porém, como não nos basta conhecer os objetos e as ocorrências (queremos também compreendê-los em sua verdadeira essência), nossa pesquisa passa, a partir de um determinado momento e, às vezes, de uma maneira imperceptível, de um método (a análise) a outro (a síntese).

Síntese

A síntese, como qualificativo de um procedimento metodológico, significa a operação inversa da análise, ou seja, reúne e compõe as partes ou elementos de um todo previamente separado e decomposto pela análise. Assim, a síntese é a meta e o resultado final da análise.

No entanto, na prática ambas as operações são inseparáveis. Análise sem síntese somente facilita o conhecimento de fenômenos empíricos, sem poder nos conduzir à sua verdadeira compreensão. Síntese sem análise não tem consistência e conduz a conclusões às vezes muito distantes da realidade.

Podemos, ao começar uma pesquisa, partir de uma hipótese, com a qual tratamos de dar, antecipadamente e em forma provisória, uma explicação racional sobre o objeto de nosso estudo — é uma operação mental que pode ser qualificada como "método sintético". A análise deve verificar a validade da hipótese. Entretanto, o todo difere da soma das partes.

Nesse sentido, a síntese é a operação lógica final da análise, pela qual sistematizamos e aceitamos como base para uma generalização dos resultados a que o procedimento analítico nos conduz, isto é: a análise nos proporciona o material com que a síntese constrói o edifício de nosso verdadeiro saber. A maior contribuição de qualquer estudo ou pesquisa deverá explicitar no seu resumo as principais conclusões, as perspectivas e as recomendações de ordem prática para provocar mudanças nas políticas públicas.

Indução

O método indutivo estabelece proposições de caráter geral inferidas da observação e do estudo analítico dos fenômenos particulares.

Por exemplo, interessa-nos conhecer as causas das variações que experimentam os preços dos produtos, que são oferecidos e vendidos no mercado de livre concorrência. Ao estudar as condições de um grande número de produtos, observamos que os preços tendem a baixar quando são oferecidos em quantidades maiores que as de demanda e que tendem a subir quando acontece o contrário. A observação de um grande número de casos nos induz a tirar uma conclusão geral à qual podemos dar, se quisermos, o caráter de lei, que neste caso seria a lei da oferta e procura.

No entanto, a formulação de uma "lei econômica" é coisa séria e devemos ter cuidado. Durante muito tempo a lei da oferta e procura foi considerada imutável. Na realidade, observamos muitos casos que não podem ser explicados pela lei da oferta e procura. Ou seja, nem sempre a oferta e a demanda determinam os preços; pode acontecer o contrário: que os preços determinem a oferta e a procura, caso da motivação do *status*.

As influências que fatores da política financeira e monetária, medidas de controle etc. exercem no desenvolvimento dos preços são suficientemente conhecidas. Nas últimas décadas tem-se dado fortes impulsos à ampliação das pesquisas analíticas indutivas no campo da ciência.

Dedução

Depois de estabelecermos a base de observação e análise de muitos fenômenos quando se reúnem as condições propícias a uma variação nos preços, eles realmente tendem a subir ou baixar, segundo o caso. Essa é uma conclusão que tiramos por uma dedução e o método que trata de estabelecer verdades dessa maneira é o método dedutivo.

A dedução parte, portanto, de verdades preestabelecidas para chegar a conclusões a respeito de casos particulares. Porém não é verdade que o método dedutivo seja apenas uma inversão do método indutivo. A dedução, como a indução, constitui também um princípio metodológico, uma maneira específica de proceder quando pesquisamos.

Enquanto as proposições do método indutivo são concretas e descrevem como são os fenômenos, suas causas e efeitos reais, as do método dedutivo são abstratas e tratam de estabelecer o significado dos fenômenos segundo o raciocínio do pesquisador

Ambos os métodos, o indutivo e o dedutivo, não se excluem um ao outro; ao contrário, se complementam. É certo também que a dedução, por si só, pode conduzir a resultados perfeitamente positivos, sempre que parta de premissas exatas e que o raciocínio lógico seja correto. Mas às vezes a lógica conduz ao absurdo. Portanto, torna-se imprescindível que as proposições do pensamento dedutivo sejam cotejadas e verificadas pela análise indutiva.

O pesquisador prático obterá, pelo seu contato direto com a realidade, os elementos de que necessita para solucionar problemas, embora aqueles sejam sempre o resultado de uma mescla entre a percepção objetiva e a apreciação subjetiva, duas maneiras de tratar os problemas que podem ser qualificadas como procedimentos metodológicos.

Objetivismo

Como princípio metodológico o objetivismo se identifica com a análise e a indução, embora para o economista prático encerre algo mais: o atributo da seriedade. Para o executivo, toda pesquisa persegue um fim prático e, desse modo, ele parte de algo concreto e formula suas conclusões de acordo com o que considera real, verdadeiro ou apropriado.

Existem certas normas cuja observação pode garantir ao trabalho do pesquisador o caráter de estrita objetividade:

❏ utilizar sempre informações de fonte direta e primária e recorrer a dados provenientes de fonte indireta ou secundária unicamente quando se está seguro de que podem ser considerados corretos;

❏ observar e, se necessário, analisar os dados informativos com olhos críticos para assegurar-se de seu significado e não buscar neles mais do que realmente contêm;

❏ quando se apresenta o caso de discutir um projeto ou de tomar uma resolução de importância, analisar friamente todos os argumentos contra e a favor da proposição; o balanço dessa confrontação indicará em que sentido é conveniente decidir-se.

Subjetivismo

Para toda pesquisa, um enfoque de certo modo subjetivo da matéria ou problema que se estuda é inevitável. É o que expressa a relação pessoal que se estabelece entre o pesquisador e o objeto de seu interesse científico, condição natural e lógica para que a pesquisa se realize.

Mas está claro que um subjetivismo filosófico levado ao extremo, como concepção egocêntrica do mundo e negação de toda realidade exterior, não pode interessar ao economista, nem como doutrina nem como base metodológica.

Método de pesquisa histórica

Nosso conhecimento de qualquer fenômeno econômico ficará incompleto enquanto o encararmos como algo existente por si só. Na verdade, não chegaremos a "compreender" sua verdadeira natureza, as verdadeiras condições de sua existência, se não conhecermos seu passado, ou seja, sem estudar a história de sua evolução.

O pesquisador interessado na história econômica deverá aplicar o mesmo método que se usa para estudos históricos em geral, e que o levará através das seguintes etapas:

❏ antes de tudo submeterá os dados extraídos de suas fontes de informação a um estudo e análise crítica, como bibliotecas, arquivos públicos e privados etc. Fundamental nesta primeira fase do trabalho do pesquisador histórico é o exame rigorosamente crítico do material de informação com o objetivo de estabelecer sua autenticidade e em seguida seu valor de prova para a demonstração que interessa ao pesquisador. Esta parte da pesquisa histórica se chama heurística;

❏ a segunda parte consiste na reconstrução mental dos fenômenos do passado, sobre a base de uma seleção adequada e uma interpretação lógica e explicação dos dados coletados no processo anterior da pesquisa (a hermenêutica).

❏ a terceira etapa, finalmente, é a exposição escrita que adota diferentes formas: a monografia, que trata de um determinado assunto, a biografia, e a história propriamente dita, como narração em forma sistematizada dos fenômenos do passado.

A análise histórica é de importância primordial para a pesquisa socioeconômica. Sem dúvida, o método de pesquisa histórica que acabamos de explicar não coincide com o que se chama de método histórico de pesquisa. A diferença entre ambos os métodos é a mesma que existe entre o pesquisador que estuda o passado com o propósito de escrever história e o pesquisador que estuda os fenômenos do presente e recorre à história para compreendê-los e poder explicá-los.

Método histórico de pesquisa

O princípio deste método de pesquisa consiste em não se ater simplesmente ao que existe, o visível e o tangível, e interpretar segundo o que se vê, mas sim em indagar a forma e as condições em que o fato tem evoluído para chegar a ser o que é, e assim todos os fenômenos de caráter econômico em seu verdadeiro significado e em relação com as outras manifestações da vida social dos homens.

O essencial do método histórico de pesquisa é resumido a seguir:

❏ a economia é somente um dos muitos aspectos da vida social dos homens. Temos que compreendê-la, não como algo independente que se deixa separar do todo mas, sim, como parte de um todo orgânico em permanente evolução. A economia de um povo em um dado momento é resultante de um largo processo de desenvolvimento que sofreu influência dos mais diversos fatores: a situação geográfica, as condições geológicas e climáticas etc. Isso nos conduz a duas importantes conclusões:

- para o economista prático, que naturalmente deve partir sempre da atualidade, é indispensável conhecer a forma através da qual o que existe evoluiu;
- nenhuma instituição econômica e social, por maior que seja a importância que lhe atribuem, pode ser transplantada de um país para outro, se as condições radicadas na evolução histórica da economia respectiva ou no meio ambiente não lhe são favoráveis;

- o desenvolvimento de uma economia (e suas instituições) não depende unicamente das forças internas; as forças externas são, às vezes, muito mais decisivas. Não é fácil reconhecer e identificar essas influências, mas é indispensável para o economista (prático ou pesquisador) saber que existem e conhecer a forma em que ocorrem seus efeitos. O estudo da história econômica geral prestará uma ajuda apreciável, neste caso;

- o estudo da história econômica deve ensinar-nos a relatividade das verdades econômicas no tempo e no espaço;

- se a análise econômica nos mostra que não é possível transplantar uma instituição econômica de um país para outro sem que ela sofra, no processo de adaptação, transformações às vezes substanciais; se chegarmos à conclusão de que as teorias econômicas são apenas produtos de suas épocas e circunstâncias em que prevaleciam, temos de reconhecer que as medidas de política econômica têm uma importância relativa. Medidas que em um determinado país podem ser aceitas e ter êxito, aplicadas a outro, ainda que este se encontre numa situação semelhante, podem surtir efeitos muito distintos ou, ainda, ser decididamente rechaçadas;

- uma variante deste método é o de comparação histórica (nome proposto pelo professor Jacob Viner), que tem especial importância para o economista dedicado à planificação, seja do setor público ou de organizações particulares, e cujo trabalho implica pesquisas relacionadas com a previsão econômica a curto e longo prazos. Ao falar de previsão, nos referimos àquela ação mediante a qual se tenta obter a base de certos indícios, um juízo sobre o que pode ou vai acontecer em um futuro mais ou menos próximo. Na realidade, não há outro caminho melhor e mais seguro para chegar a esse juízo sobre o futuro do que pelo estudo do passado.

Os métodos e técnicas usados por esta ciência consistem fundamentalmente na comparação histórica que se aplica em diversas formas:

❑ a base da observação de um movimento cíclico que se estende sobre um período de tempo relativamente grande trata de descobrir e estabelecer uma certa regularidade nas flutuações, da qual se deduz que o movimento seguirá se repetindo da mesma forma também no futuro;

❑ trata-se de determinar também a base de um material estatístico que abarca um grande lapso de tempo, uma linha média ou uma tendência que se toma como linha normal para o desenvolvimento da série respectiva ou de várias séries combinadas. O quadro que assim se obtém é utilizado para as previsões;

❑ a construção de barômetros econômicos é outro procedimento para se formar um certo juízo sobre possíveis desenvolvimentos futuros; também é importante neste caso a pesquisa histórica do comportamento de determinados indicadores-chave e a forma em que a reação de uns segue a de outros. Um dos índices mais famosos foi The Harvard Index of General Business Conditions, que se compunha de três curvas representativas: especulação, negócios e mercado de moeda. As três curvas mostram, dentro de seu movimento cíclico, uma surpreendente regularidade em sua defasagem, de tal maneira que uma reação ascendente ou descendente dessas curvas sempre antecedia, em algum tempo, uma reação no mesmo sentido da segunda curva, e as reações desta por sua vez precediam as reações da terceira; com o tempo, o índice de Harvard mostrou-se imperfeito e tentativas posteriores de revisá-lo parecem não ter dado resultado satisfatório;

❑ o mesmo princípio em que se baseou o índice de Harvard — interpretação de curvas que mostram defasagem entre si — serviu ao Instituto de Pesquisas sobre a Conjuntura Econômica de Berlim para construir não apenas um, mas todo um sistema de barômetros, cujos resultados, convenientemente combinados, deveriam oferecer fundamento mais sólido aos prognósticos.

De forma semelhante, mas com técnicas mais refinadas, tem-se levado a cabo pesquisas sobre o movimento cíclico das atividades econômicas no National Bureau of Economic Research dos EUA. Entre os diversos métodos de previsão econômica baseados em análises histórico-comparativas, o aplicado por esta instituição parece ser o mais perfeito, pois o material de observação analisado cobre mais de quatro décadas.

Analisar um problema econômico com critério histórico é condição indispensável para o economista que está à procura de soluções realistas. Saber atuar e pensar com esse critério assegura o êxito de uma pesquisa. Todavia, devemos mencionar os métodos de pesquisa que são característicos de diversas posições que se pode adotar diante dos fenômenos econômicos. Os métodos estático e dinâmico, por um lado, e o microeconômico e macroeconômico, por outro, devem ser lembrados. A importância desses métodos reside, antes de tudo, em sua aplicação à análise teórica na medida em que isso contribui para elucidar a realidade econômica. Devemos ainda atribuir-lhes importância prática.

Método estático

O conceito de estática encerra a noção de equilíbrio entre forças antagônicas. Na realidade, para o método estático, a idéia central da qual partem todas as deduções é a suposição da existência de um estado de equilíbrio em que as forças econômicas se acham perfeitamente compensadas entre si.

É evidente que uma economia sem problemas e, portanto, em perfeito equilíbrio, não oferece nenhum interesse para a pesquisa por ser irreal. Isso, porém, não quer dizer que a hipótese de uma situação de equilíbrio em economia não tenha valor para o pensamento teórico. Muitas vezes para chegar a conclusões realistas é necessário partir de condições puramente hipotéticas, concebidas na forma de uma abstração teórica, ou seja, na forma de um estado no qual a variável que se quer estudar é isolada das demais que são consideradas temporariamente inoperantes.

A abstração teórica de que se vale este método utiliza a complementação progressiva do modelo original introduzindo outros elementos e evidencia a maneira como variam as relações existentes e, assim, permite formular conclusões concretas e importantes acerca da realidade.

Com a introdução de outros elementos que vêm modificar o suposto "estado de equilíbrio", o método deixa de ter um caráter meramente estático e se converte em dinâmico.

Método dinâmico

Em economia e nas ciências humanas de modo geral, o conceito de dinâmica adquire um sentido diferente do presente na teoria mecânica: significa desenvolvimento, evolução. Neste sentido, economia dinâmica é exatamente oposta à economia estática.

Entendemos por economia dinâmica uma economia cheia de energias ativas e propulsoras, uma economia em pleno processo de evolução, em que a disponibilidade de forças produtoras aumenta, em que a tecnologia melhora e a demanda de consumidores é maior.

A diferença entre os conceitos de economia estática e dinâmica determina também a metodologia da pesquisa. No método dinâmico, interessa-nos estudar a forma em que as forças competidoras se encontram e se ajustam ou, em termos mais gerais, o processo que conduz o movimento econômico em direção ao equilíbrio ou que dele o desvia. Como para o método dinâmico só existem condições constantemente mutantes, sua finalidade é estudar as causas que originam as mudanças e a forma em que são produzidos, na vida econômica, os ajustes que essas mudanças requerem.

O método dinâmico introduz, portanto, na pesquisa e no pensamento econômico, a noção de movimento tanto no tempo quanto no espaço, adotando os conceitos de desenvolvimento e expansão. Não está interessado apenas em constatar como desenvolver no futuro e, sim, como atuar agora até alcançá-lo.

Os elementos dinâmicos básicos que determinam o desenvolvimento e a expansão de uma economia são o crescimento da população e o desejo dos homens de melhorar suas condições de vida. Ambos originam determinadas funções e reações cujos efeitos em conjunto dão ao desenvolvimento econômico seu caráter específico.

Os desequilíbrios são a nota característica de nosso tempo e neles se manifesta o dinamismo das forças que impulsionam o progresso. Dessa posição podemos compreender o verdadeiro significado do método dinâmico da pesquisa econômica: o critério histórico, realista e indutivo desse método no sentido de compreender os desequilíbrios como algo que, por natureza, faz parte do desenvolvimento econômico. Todo o processo de desenvolvimento leva em si uma tendência ao desequilíbrio.

Assim, a tarefa prática que cabe ao pesquisador é analisar e esclarecer em cada caso o caráter dos desequilíbrios que se apresentam, suas causas imediatas e suas raízes mais profundas, a fim de poder estabelecer conclusões objetivas e realistas que podem servir à política na escolha dos meios mais apropriados para controlar os desequilíbrios, evitar que cheguem a ser excessivos e contrabalançar efeitos perniciosos, sem que tudo isso resulte na obstrução do desenvolvimento ou em um obstáculo ao funcionamento normal dos fatores econômicos em atividade.

Métodos micro e macroeconômico

Na realidade, não existe nenhum critério absolutamente claro sobre o conteúdo conceitual dessas palavras. Etimologicamente, porém, as palavras se formaram em analogia a microcosmos e macrocosmos, o universo.

Assim, podemos dizer que o pensamento microeconômico é essencialmente analítico na medida em que um conhecimento exato e minucioso de todos os elementos que integram a economia é de fundamental importância para ele. Em contrapartida, o pensamento macroeconômico tende a obter uma visão sintética da economia como um conjunto e, por isso, não se detém na observação de detalhes, colocando especial ênfase no estudo das variações de quantidades e valores globais, sob os quais a ação individual do homem às vezes desaparece por completo.

Trata-se, portanto, de duas maneiras diferentes de estudar os problemas econômicos. A primeira é característica do pensamento tradicional, que dominou a ciência e a política e para o qual o indivíduo e seu comportamento em relação aos fatos da vida prática determinavam os fenômenos; a outra caracteriza o pensamento moderno como produto da grande crise dos anos 1940, que traz consigo profundas mudanças, tanto nos conceitos que até então eram vigentes quanto na política e deveres do Estado frente à sociedade civil, como também acerca dos procedimentos e métodos que se aplicam à análise dos fenômenos, orientando o ponto de vista do pesquisador desde os comportamentos e quantidades individuais até os comportamentos e quantidades globais.

Ambos os métodos de pesquisa devem se complementar. O enfoque macroeconômico — sempre que não degenere em especulação — pode revelar aspectos interessantes e servir de orientador a uma política ampla e projetada a longo prazo, embora não possa passar ao largo das realidades imediatas com que a política deve se ater para lograr seus propósitos. O enfoque microeconômico, dirigido diretamente à realidade imediata, faz conhecer a verdadeira essência dos fenômenos econômicos sobre a firma individual. Seu objetivo, porém, não se pode limitar à acumulação de conhecimentos estanques e detalhados, sem criar bases firmes para uma compreensão ampla e universal — e mais humana — das condições em que a economia se desenvolve, procurando metas que acenam com maior bem-estar e satisfação aos homens. Focaliza a empresa isoladamente e seus objetivos de lucro.

Os termos micro e macroeconomia podem deixar de caracterizar diferentes maneiras de enfocar e abordar os problemas econômicos e chegar a significar, mediante uma complementação integral de ambos os métodos, um progresso real e efetivo para a pesquisa econômica.

Métodos auxiliares

Os métodos auxiliares da pesquisa científica são a matemática, a estatística e a contabilidade. Nem sempre se destaca com suficiente clareza que cada um desses meios auxiliares tem sua utilidade específica mas limitada; em nenhum caso pode-se deixar de interpretar com critério realista os resultados obtidos com a ajuda desses métodos.

Matemática

Após uma análise crítica e exaustiva do significado das fórmulas matemáticas que mais interessam aos pesquisadores e que têm exercido influência no pensamento econômico, inclusive na prática política, deve-se tirar algumas conclusões importantes do ponto de vista da metodologia da pesquisa:

- que da maneira como se define o conteúdo conceitual dos símbolos utilizados depende fundamentalmente o resultado de uma dedução matemática;

- que, por essa mesma razão, é possível que uma equação, formulada para explicar um determinado fenômeno, comprove "matematicamente" a existência de relações que de fato não ocorrem;

❏ que, partindo de premissas exatas, toda dedução matemática só demonstra fenômenos que, em si, não oferecem nenhuma explicação sobre suas relações de causalidade;

❏ que, por essa mesma razão, o resultado de uma dedução matemática deve ser interpretado com critério econômico, já que sua interpretação no sentido meramente lógico-formal pode conduzir a conclusões que nada têm a ver com a realidade;

❏ que a economia está muito longe de ser considerada "ciência exata" o que significaria a perda total de seu caráter de ciência social pela eliminação completa do fator humano.

Vale lembrar que, embora não haja nada contra o uso da matemática, ela nunca poderá ser mais do que um meio auxiliar. Como tal, sua utilidade está amplamente comprovada e o economista que sabe usá-la nesse sentido encontrará nela uma valiosa ajuda para simplificar, aclarar e verificar seu raciocínio ou para construir modelos que o podem levar a interessantes conclusões em sua pesquisa. Mas é bom enfatizar que não é a matemática que faz o economista e que, seja qual for a conclusão a que uma dedução matemática possa conduzir, ela deve ser controlada e comprovada por um critério realista baseado na observação e na análise crítica dos fenômenos.

Estatística

Se a matemática é uma ferramenta para a pesquisa dedutiva, a estatística é a base e o ponto de partida para a pesquisa indutiva. A teoria tem por objetivo explicar o sentido e a essência da realidade em que vivemos, e nenhuma teoria pode ser válida se não for resultado da observação dos fenômenos que podem ser comprovados estatisticamente.

Não se trata aqui de explicar os métodos de que se vale a ciência estatística para cumprir seu objetivo, mas vale a pena estabelecer algumas limitações apresentadas pelo método estatístico e os erros que podem ocorrer, caso não se saiba analisar e interpretar devidamente o material empírico que está à disposição do pesquisador.

❏ Com raras exceções, os dados estatísticos são apenas aproximações da realidade que refletem; o grau de sua precisão varia segundo a matéria de que tratam; pode ser relativamente grande quando eles abarcam um fenômeno em sua totalidade e será menor quando intervém a estimativa.

- Uma estatística em si, e como dado individual e absoluto, pode não ter nenhum valor significativo, mas adquire importância como parte de uma série que reflete uma determinada tendência.

- A estatística somente estabelece relações numéricas, que podem ser concordantes ou divergentes; ela não evidencia relações de causalidade, qualidade ou funcionalidade.

- A estatística não estabelece leis; apenas comprova, mas não explica; por isso, a estatística tampouco pode ensejar correlações conclusivas.

Contabilidade

A inclusão da contabilidade entre os métodos auxiliares da pesquisa para o planejamento se justifica na medida em que o conhecimento dos princípios desta técnica e a aplicação dos procedimentos contábeis são, em muitos casos, indispensáveis para lograr uma visão mais clara da realidade econômica. Um dos instrumentos de análise econômica mais valiosos, por exemplo, são as contas nacionais, um conjunto de quadros com dados estatísticos extraídos em grande parte da contabilidade das empresas. Mas a utilidade prática dessas contas para a orientação da política econômica depende essencialmente do discernimento com que o pesquisador logra aproximá-las da realidade.

Como escolher o método

Não há nenhuma norma geral a respeito do método ou métodos que devem ser empregados em uma pesquisa para o planejamento. Em cada caso, o procedimento a seguir dependerá tanto do problema que se apresenta ao pesquisador quanto da forma pela qual ele pensa abordá-lo. Sua experiência, seu temperamento e suas inclinações pessoais desempenham, nesse caso, um papel relevante, e sempre que não se afaste da rota do estritamente científico sua investigação será útil, seja qual for o método ou combinação de métodos que tenha considerado conveniente empregar para chegar a suas conclusões.

Os Métodos de Pesquisa 37

Resumo

- Os métodos científicos são inúmeros. Só recentemente desenvolveram-se métodos próprios de pesquisa devido à necessidade de adaptá-los às peculiaridades dos fenômenos.
- **Análise:** subdivisão do todo em partes para melhor exame.
- **Síntese:** recompõe os elementos no todo, após análise.
- **Indução:** parte da realidade para a teoria. Exemplo: estatística.
- **Dedução:** parte da teoria para a realidade. Exemplo: matemática.
- **Objetivismo:** estudo imparcial, teórico, global.
- **Subjetivismo:** estudo pessoal, com paixão, inevitável em todo trabalho de pesquisa social.
- **Método de pesquisa histórica**
  - Heurística: análise crítica
  - Hermenêutica: reconstrução mental
  - Exposição escrita do passado
- **Método histórico de pesquisa:** estudo da história apenas o suficiente para melhor compreender o presente. Indispensável ao economista, ao sociólogo e ao cientista político.
- **Método estático:** pressupõe estado de equilíbrio.
- **Método dinâmico:** pressupõe desenvolvimento, evolução.
- **Método microeconômico** (analítico): analisa sobretudo as empresas.
- **Método macroeconômico** (sintético): estuda as políticas públicas na área econômica.
- **Métodos auxiliares**
  - *Matemática*: utiliza a dedução (teoria → prática).
  - *Estatística*: utiliza a indução pela freqüência dos fenômenos (prática → teoria).
  - *Contabilidade*: indispensável para estudar as contas nacionais e das firmas.

CAPÍTULO 4

Técnicas de pesquisa

Este capítulo tratará das técnicas de pesquisa, ou seja, dos procedimentos práticos que devem ser adotados para se realizar uma pesquisa para o planejamento.

É necessário complementar a técnica da pesquisa com a metodologia: tanto para a realização da pesquisa quanto também para a outra parte, não menos importante, que é a apresentação de seu resultado.

Há uma série de práticas, regras e princípios que o pesquisador deve observar ao realizar um trabalho científico qualquer que seja o método que aplique. O valor de um trabalho depende em grande parte do domínio que se tenha dessa técnica.

Uma pesquisa de nada serve caso se mantenha na esfera abstrata do pensamento do pesquisador. Para dar-lhe forma concreta e comunicar seus resultados e conclusões em um texto escrito, torna-se necessário levar em conta certas normas a que se deve ajustar a apresentação do trabalho e cuja observância pode contribuir para o seu sucesso.

As orientações sugeridas a seguir dirigem-se, em princípio, aos estudantes empenhados em preparar suas monografias. Porém, poderão servir ainda a qualquer pessoa que, com a devida preparação científica, se dedique a um trabalho de pesquisa.

Escolha e formulação do tema

O cientista que quer escrever um artigo ou um ensaio sobre algo relacionado com sua especialidade não necessita buscar um tema: este se oferece por si mesmo. Para o estudante às vezes não é fácil encontrar algo que possa servir de objeto a uma pesquisa e que lhe sirva de tema para sua tese. É conveniente, portanto, que o aluno com suficiente antecipação — por exemplo, no terceiro ano da faculdade — comece a se familiarizar com esta idéia e examine seriamente as diversas alternativas que suas próprias inclinações lhe sugerem ou que despertem seu interesse enquanto estiver cursando a universidade.

A escolha do tema deve ser feita com antecedência a fim de que o aluno possa elaborar sua tese enquanto está em contato com o professor e o coordenador do seminário correspondente. Mas como escolher um tema? E quem deve fazê-lo? Sempre há alunos que acreditam que o tema de sua monografia deve ser indicado por um professor: são os mentalmente ociosos que consideram seus estudos uma obrigação.

O professor, naturalmente, poderá indicar-lhes um tema que, geralmente, pertencerá ao campo de sua especialidade. Mas dificilmente poderá despertar no aluno maior interesse pelo assunto de real valor para uma tese. Apenas excepcionalmente isso pode acontecer: quando se trate de um caso especial em que, de antemão, existam estreitas relações entre professor e aluno, de modo que o trabalho do aluno, sobre a base de um tema proposto, possa formar uma parte importante de um plano de pesquisa mais amplo. Na realidade, o tema da tese, em princípio, deve ser escolhido pelo próprio aluno, que se deve deixar guiar, antes de tudo, por suas inclinações pessoais, sem esquecer a dinâmica da própria realidade.

O estudante que compreende a verdadeira importância do trabalho científico, não apenas o aprofundamento de seus conhecimentos positivos, mas sua contribuição para o fortalecimento de sua personalidade, não terá nenhuma dificuldade em encontrar para sua pesquisa um tema da atualidade que o satisfaça e que poderá desenvolver com segurança.

Definição clara do tema

Quando o aluno acredita ter-se decidido por um tema que gostaria de desenvolver para sua monografia, é chegado o momento de procurar os professores da disciplina com quem trabalhará para pedir sua opinião. Nem sempre essas pessoas — geralmente sobrecarregadas de obrigações — poderão prestar ao tema apresentado pelo aluno a atenção que ele espera. Por isso, é aconselhável que o aluno apresente desde logo a idéia mais clara possível sobre o que pretende. Observar estes pontos será útil:

- o tema não deve ser de caráter geral; não se pode abarcar em uma tese de graduação a matéria em toda a sua vasta amplitude; deve se limitar a um determinado aspecto, suscetível de ser estudado a fundo e de maneira tal que a investigação possa levar a algo positivo e original. Temas como, por exemplo, "O ciclo econômico" e "A racionalização industrial" não são adequados para uma tese. Além de sobre essas matérias já existirem extensas bibliografias, não seria possível ao aluno tratá-las de maneira exaustiva dentro das limitações de uma monografia, podendo apenas enfocar um ou outro aspecto particular. Seria interessante estudar, no caso, "A importância do terceiro setor para a cidadania", embora não de forma geral e, sim, relacionada a determinados ramo de atividade e região;

❑ a limitação do tema a uma matéria restrita tem sua importância também por outro ponto de vista: o tempo disponível para a elaboração do trabalho; não menos importante é que o aluno forme de antemão uma idéia, ainda que aproximada, acerca da extensão que vai ter sua tese; normalmente uma dissertação não deve exceder a 100 páginas de tamanho ofício. O aluno deve ainda ter em mente que seu trabalho não será valorizado por seu tamanho mas por seu conteúdo. O resultado de uma pesquisa apresentado em 20 ou 30 páginas pode ter um valor muito maior do que um estudo mais extenso;

❑ a possibilidade de obter a documentação suficiente é outra variável que o aluno deve pensar ao escolher o tema; em alguns casos será relativamente fácil encontrar o que necessita, quando a bibliografia se limita a textos escritos no idioma nacional; porém, para as ciências econômicas e sociais, os idiomas mais importantes são o inglês, o alemão e o francês; se o aluno não domina nenhum idioma estrangeiro e se não tem possibilidade de recorrer a traduções, não poderá escolher para seu trabalho um tema para o qual a consulta de fontes estrangeiras seja imprescindível;

❑ a atualidade do tema não é uma condição indispensável, embora possa ter certa importância em atenção às futuras possibilidades profissionais que o aluno tem em mente ao escolher seu tema, ou quando se trata de elucidar questões ou problemas que ocupam a atenção pública, como, por exemplo, as causas de um desenvolvimento inflacionário;

❑ o caráter científico do tema não deve estar sujeito a nenhuma norma restritiva; quem encontra interesse no pensamento teórico desenvolverá o trabalho nesse sentido; raramente o aluno terá alcançado uma maturidade intelectual que permita estabelecer a teoria própria. Mas é perfeitamente possível que tenha suficiente competência para submetê-la a uma análise crítica a fim de comprovar se tem validade geral ou somente limitada e se é ou não aplicável a países distintos daqueles cujas condições específicas de desenvolvimento tenham dado origem à teoria;

- o essencial de uma tese, seja qual for seu objeto, é que o autor traga com ela um aporte positivo e realmente pessoal naquele ramo do saber; para isso é necessário que o aluno chegue a um juízo claro sobre o porquê de sua pesquisa, sobre a intenção que ela persegue e a idéia que o orientará durante todo o trabalho;

- o título da monografia deve ser conciso e, ao mesmo tempo, suficientemente claro para dar ao leitor uma noção do que se trata. Convém às vezes agregar ao título principal um subtítulo, que pode ser um pouco mais explícito e que dê a entender a finalidade pretendida

Formalidades necessárias

Antes de se começar um trabalho de pesquisa convém se certificar de que o tema escolhido não foi abordado anteriormente. Se a idéia é original, não encontrará nenhuma dificuldade para ser aceita. Em outros casos, especialmente monografias de determinadas instituições, poderá haver repetições do mesmo tema. Mas uma vez o tema definitivamente aprovado por pessoas competentes (professor orientador, coordenador de curso, diretor da faculdade), o aluno deve assegurar o direito de prioridade de sua pesquisa, inscrevendo-a no registro competente da faculdade para esses casos. Essa inscrição protege o aluno contra a eventualidade de que o mesmo tema seja escolhido por outro interessado. É igualmente importante retificar a inscrição se durante a execução do trabalho houver necessidade de se modificar o tema.

Com a clara determinação do tema de uma tese, de sua idéia e objetivo, termina a primeira etapa do trabalho que o aluno se propõe a fazer. Todavia, não pode começar sua execução prática. Antes de fazer isso deve traçar um plano de trabalho que assegure uma perfeita sistematização da matéria que será objeto de sua pesquisa.

Preparação de um plano de trabalho

Embora o esquema confeccionado pelo aluno antes de entrar no trabalho seja provisório, não deve deixar de ser suficientemente detalhado para que possa servir como pauta orientadora. Ao se ater a seu esquema, o aluno se submete a uma disciplina que o obriga a seguir uma determinada linha e que o impede de se desviar do tema central à procura de tópicos que não vêm ao caso e o levam a perder de vista seu objetivo inicial.

Cada tese, e em geral todo trabalho científico destinado à publicação, deve conter três partes fundamentais, que são as seguintes:

- a *introdução* tem por objetivo familiarizar o leitor com a idéia do trabalho. Nela o autor explicará brevemente as razões que o levaram a escolher seu tema e a intenção ao realizar a pesquisa; poderá indicar também, se lhe parecer oportuno, antecipadamente e de forma reduzida, o essencial das conclusões (hipóteses de trabalho) a que espera chegar;

- a *exposição do tema* forma o corpo principal do trabalho e por isso requer uma cuidadosa sistematização da matéria, adaptada ao caráter específico do tema. Em alguns casos será aconselhável dividir a exposição em duas ou mais partes; cada uma será dividida em vários capítulos, e estes, por sua vez, em subcapítulos, seções ou parágrafos, conforme lhe pareça mais conveniente. Vale lembrar um princípio básico que se deve observar em qualquer tipo de trabalho científico: quanto maior e melhor for a subdivisão do texto, mais agradável será sua leitura e a orientação na matéria;

- o resumo das *conclusões* a que a pesquisa conduziu será a última parte do trabalho; nela o autor dará aos resultados da pesquisa uma formulação clara e sintética, cuja leitura bastará para proporcionar uma idéia do conteúdo da obra.

Modelo de um esquema provisório

Usando como exemplo o tema "A importância do terceiro setor para a cidadania", podemos especificar um modelo do que poderia ser o esquema de um trabalho.

O esboço de um plano de trabalho o mais detalhado possível facilitará a tarefa de conduzir o pesquisador sem rodeios até o objetivo planejado e economizará o tempo que, de outra maneira, seria gasto na correção de erros na estrutura da pesquisa.

> **A importância do terceiro setor para a cidadania**
>
> Introdução/justificativas
> 1. Origem e abrangência das ONGs.
> 2. Cenário atual: o voluntariado no Brasil.
> 3. Cidadania e responsabilidade social.
> 4. Empresas, Estado, sociedade civil.
> 5. Um poder paralelo: parcerias com Estado e empresas.
> 6. Desafios e perspectivas.
> 7. Conclusões.
> Referências bibliográficas.
> Anexo: legislação pertinente.

A técnica de pensar

O primeiro princípio da técnica de pensar consiste em abrir os olhos e *observar* o que há em seu redor, examinar o que está havendo, refletir sobre isso e apresentar a questão: tem que ser assim ou pode ser melhor?

O segundo princípio é a *concentração mental* em uma tarefa ou problema que nos desperta o interesse. A melhor forma de fazer isso é pensar no assunto que nos preocupa de forma intensa e concentrada e depois esquecê-lo, até que no dia seguinte se repita a mesma operação e, se for possível, à mesma hora.

O terceiro princípio é talvez o mais importante como também, por desconhecimento das pessoas, o menos observado: consiste em saber mobilizar a *ajuda do subconsciente*. É indiferente a hora que se dedique à meditação concentrada, mas é uma boa prática fazê-lo antes de dormir e, em seguida, despreocupar-se do assunto por completo. O subconsciente continuará "pensando" durante o sono e as idéias e soluções, que procuramos com a consciência desperta, se apresentam de uma maneira natural durante o trabalho do dia seguinte.

A técnica de pensar é de importância fundamental para o estudante que prepara o plano de trabalho para sua pesquisa. Essa tarefa requer vários dias ou semanas de intensa concentração, o que significa praticamente desenvolver toda a tese mentalmente, desde o começo até o final, capítulo por capítulo, ordenando a matéria em forma metódica e sistemática. A mesma técnica também servirá ao aluno durante a elaboração de seu trabalho e, uma vez experimentada sua eficácia, não o abandonará durante o resto da vida.

Fontes de informação

Segundo as características do tema, existem três diferentes maneiras de obter as informações necessárias à elaboração de uma tese.

Bibliografia. Torna-se necessário saber o que já foi publicado sobre o tema, em que sentido tem sido tratado e qual é a opinião dos respectivos autores como ponto de apoio para a tese que se quer defender. Essas informações naturalmente são encontradas em livros e revistas técnicas. Quanto aos livros, é recomendável que se consulte o professor da disciplina, que pode ajudar a fazer uma seleção entre os principais autores cujas obras se encontram em bibliotecas. Como o tempo de que se dispõe para elaborar a tese não basta para ler na íntegra as obras recomendadas, é válido que o aluno consulte o índice de assuntos de cada obra publicada a fim de formar um juízo sobre o critério do autor e assimilar o que lhe parece útil para os seus próprios fins. Essa maneira de "ler" é recomendável apenas quando se trata de informar-se sobre a opinião de vários autores importantes que têm relação com o assunto pelo qual o aluno se interessa. No entanto, há obras que os estudantes devem pequisar a fundo. A leitura de livros deve ser complementada pela de periódicos, já que os livros têm uma atualidade limitada. Além disso, a consulta a revistas técnico-científicas é importante por duas razões: primeiro, pelos artigos publicados, entre os quais poderemos encontrar algo que servirá para a pesquisa; e segundo, porque quase todas as revistas científicas têm uma seção onde se publicam resenhas de obras recentes e títulos de estudos científicos publicados em outras revistas.

Fontes menos acessíveis como coleções de jornais e boletins, arquivos públicos e privados, estudos e informes técnicos de instituições nacionais ou internacionais são às vezes indispensáveis.

O uso de periódicos como fonte de informação requer do aluno muito cuidado e estrita observação da metodologia da pesquisa histórica. Os artigos de jornais raramente são objetivos sobre os fenômenos a que se referem, já que a orientação política do jornal determina seu tom. Não obstante, podem ser, para o pesquisador consciente, fontes muito interessantes que fazem reviver em sua mente os acontecimentos do passado e lhe permitem captar o espírito daquela determinada época.

Entrevistas pessoais e exploração do terreno. Em relação às entrevistas vale lembrar que devem ser cuidadosamente preparadas. O estudante deve formar uma idéia clara sobre quem será a pessoa mais indicada para proporcionar-lhe a informação que deseja e, então, formular as perguntas — preparadas com antecedência — de forma clara e breve.

A seleção dos instrumentos e técnicas de pesquisa deve avaliar as vantagens de se aplicar questionários, formulários ou entrevistas orientadas. Eis um exemplo de entrevista:

Roteiro de entrevista

Tema: terceiro setor e cidadania.

1. Qual a importância de sua atuação no terceiro setor?

2. Como avalia a conscientização dos cidadãos para sua efetiva co-participação e co-responsabilidade?

3. Como conciliar os interesses empresariais com as necessidades e aspirações dos cidadãos?

Resumo

❏ Definição: maneiras de utilizar os instrumentos disponíveis que potencializam os fatores de produção e concretizam as metas.

❏ Práticas, regras e princípios.

❏ Escolha e formulação do tema ⎡ específico
⎣ teórico

---

continua

- Definição clara do tema: delimitação e justificativas.
- Preparação de um plano de trabalho.
- Modelo de um esquema provisório.
- A técnica de pensar — princípios:
  - observação;
  - concentração mental;
  - ajuda do subconsciente.
- Sistematização e análise de dados.

Fontes de informação

Secundárias
- publicações
- livros especializados
- revistas técnicas

Primárias: documentos originais.

Entrevistas pessoais/questionários/formulários.

Pesquisa participante: exploração do terreno.

CAPÍTULO 5

Pesquisa e planejamento

A pesquisa científica é uma atividade com o propósito de tentar responder às indagações mais significativas. Para tanto, o pesquisador deve estar ciente de quais são as finalidades da pesquisa, da caracterização formal sob a qual opera, das fases sucessivas que compreendem a tarefa de pesquisar, bem como das disposições pessoais e atitudes de trabalho científico que ele deve desenvolver em função de seu treinamento adequado.

A pesquisa científica tem a finalidade de tentar conhecer e explicar a natureza dos fenômenos existenciais. Isto é, como eles ocorrem, qual a sua estrutura e função, as mudanças que se operam e até que ponto podem ser controlados. Implícita ou explicitamente os cientistas atribuem uma finalidade teórica e uma objetivação prática à pesquisa.

A finalidade teórica é basicamente enriquecer o conhecimento científico sobre os fenômenos ou problemas que ocorrem na realidade. Além disso, está vinculada à descoberta de novos conceitos. Quando se fala em melhorar o próprio conhecimento como finalidade da pesquisa, alude-se ao desenvolvimento de métodos, técnicas e procedimentos que permitam alcançar diagnósticos cada vez mais acurados.

A finalidade prática da pesquisa torna-se explícita pelas múltiplas aplicações de acordo com os desejos de conhecer o mundo existencial, de encontrar soluções às necessidades coletivas dos grupos ou em função dos interesses de certas instituições ou organizações formais. A finalidade prática da investigação tem alcançado níveis de profundidade que permitem estabelecer melhor percepção dos fenômenos.

A caracterização da pesquisa coloca em destaque as tarefas e operações que devem ser observadas nos níveis de espontaneidade e de formalidade.

A pesquisa científica espontânea ou não-estruturada possui um valor imediato cuja teoria não se baseia em hipóteses de trabalho. Por isso não é submetida à prova.

A pesquisa científica formal é aquela que se expressa sob a forma de problemas, possui teorias e hipóteses submetidas à verificação, de acordo com os dados obtidos da realidade existencial empírica. Esse tipo de pesquisa oferece subsídios ao enriquecimento científico do conhecimento.

A pesquisa como atividade científica compreende cinco fases:

- preparação da pesquisa;
- trabalho de campo;
- processamento e análise de dados;
- interpretação e explicação reconstrutivas;
- redação do relatório de pesquisa.

A preparação da pesquisa está vinculada ao seu planejamento. As exigências óbvias dessa fase são a escolha, definição e delimitação do problema, as teorias e abordagens a serem empregadas e os conceitos e hipóteses a serem considerados.

A execução do trabalho de campo é a tarefa destinada à obtenção dos dados a fim de que as hipóteses possam ser submetidas à verificação. Para tanto, utilizam-se métodos e técnicas quantitativas e qualitativas de investigação.

O processamento dos dados tem por objetivo estabelecer critérios de ordem e classificação dos dados brutos, enquanto a análise está relacionada com os processos de decomposição das relações causais, produtoras e correlacionais.

A interpretação é uma atividade intelectual que trata de encontrar significados mais amplos para as propriedades relacionais dos dados. A operação mais simples de interpretação consiste em introduzir uma variável interveniente entre a variável independente e a variável dependente; a explicação é inequivocamente a demonstração da interpretação.

A redação do relatório é a última fase da pesquisa, cujo objetivo principal é comunicar as conclusões e os resultados da investigação.

Os traços essenciais e as atitudes básicas à pesquisa social estão intimamente vinculados às seguintes condições: a forma como se desenrola o treinamento ou a preparação do cientista; as atitudes básicas e pressuposições que devem nortear o pesquisador.

A preparação ou treinamento do cientista orientado à pesquisa repousa numa conjuntura normativa em que se podem destacar as seguintes exigências:

- a profissão não deve ser considerada terminal;
- os currículos devem ser progressivamente diferenciais;
- os estudantes devem participar de trabalhos práticos ou intervir em projetos de pesquisa;
- deve-se evitar a sofisticação do treinamento e da pesquisa;
- o equipamento eletrônico torna-se imprescindível para o treinamento e a realização da pesquisa;
- condições econômicas satisfatórias devem ser tomadas em consideração;
- o professorado encarregado da formação do pesquisador deve ter experiência na efetiva realização da pesquisa e não apenas conhecimento teórico formalístico.

As atitudes básicas e os pressupostos que os cientistas devem observar na pesquisa são: segurança e experiência; observação detalhada dos fenômenos; reconhecimento da natureza autocorretiva; utilizar inteligência, perseverança e paciência; flexibilização nas generalizações; fugir do egocentrismo e do etnocentrismo.

O pesquisador deve dar provas de autoconfiança e segurança para que suas descobertas não se tornem equivocadas.

O pesquisador deve examinar diretamente os fatos, tais como eles se dão na natureza. Para tanto, deve contar com proposições adequadas a serem testadas.

Quando se admite que o pesquisador deve aceitar a *natureza autocorretiva do conhecimento científico,* está-se apontando para a dinâmica do saber. O conhecimento científico está em constante renovação no afã de se aproximar da verdade. Para a ciência não há uma verdade definitiva, absoluta, embora essa "verdade" pelo menos idealmente seja a meta do cientista. Na medida em que a ciência evolui pela pesquisa, o cientista vê-se obrigado a aceitar os novos conhecimentos e a corrigir suas crenças e convicções antigas.

Outro traço essencial que o pesquisador deve observar é a procura da certeza. A certeza pode ser alcançada por dois procedimentos: a descoberta de evidências e a verificação ou prova dessas evidências.

O pesquisador deve ter perseverança e paciência no trabalho científico, fixando inclusive sua atenção para as áreas acidentalmente reveladas durante a observação de certos fenômenos.

Planejamento da pesquisa

O planejamento da pesquisa consiste em uma série de condições e operações a fim de solucionar as diversas etapas e exigências impostas pela própria pesquisa.

Atualmente, destacam-se três níveis de formas de planejamento de pesquisa: projeto experimental; projeto programa e projeto *policy*.

O *projeto experimental* é um planejamento especificador que isola e estuda determinado problema diferenciando-o de outros mais amplos. Esse tipo de projeto pode focalizar: uma instituição, uma atividade, um grupo.

O *projeto programa* é um planejamento que tem por objeto integrar uma série de projetos experimentais de uma mesma ordem, natureza ou característica dentro de um tratamento mais amplo.

O *projeto* policy é a forma de planejamento global das pesquisas, diferente das anteriores, que são setoriais. O projeto *policy* é o planejamento global relativo a uma região, país ou estado. Tem por objeto a distribuição de esforços dentro do programa reconhecido.

No planejamento da pesquisa o primeiro passo a ser dado consiste no reconhecimento ou seleção do problema a ser pesquisado. Para isso, é necessário considerar que valores estão intimamente vinculados à escolha do problema. Esses valores/critérios mais comuns são: prioridade, novidade, oportunidade e comprometimento.

A *prioridade* é estabelecida analisando a elaboração de escalas de problemas a serem estudados, descobertos ou solucionados. Dessas escalas, por um princípio de avaliação, se extraem os problemas prioritários.

A *novidade* é avaliada mais em termos da natureza inédita do problema ou pela transplantação do problema de um país para outro, em vista do sucesso da pesquisa.

A *oportunidade* corresponde a uma condição prévia de engajamento voluntário do cientista.

O *comprometimento* está comumente vinculado à adesão do pesquisador como técnico dentro de uma organização ou ainda por identificação ideológica.

Concomitante à escolha do problema, o cientista deverá estar suficientemente preparado para identificá-lo. Na identificação do problema é necessário considerar pelo menos quatro critérios: os agentes, o meio ambiente, os fatores influenciáveis e as respostas.

Os *agentes* humanos na pesquisa socioeconômica são os principais centros de atenção. Os agentes individualmente ou formando grupos, ocupando posições ou agindo dentro de sistemas sociais específicos, constituem a matéria-prima da pesquisa.

O *meio ambiente* está constituído por um conjunto de condições dentro das quais os agentes devem ser estudados.

Os *fatores influenciáveis* são os *estímulos* que tendem a agir sobre os agentes. Essa previsão na identificação dos estímulos facilita a elaboração das respectivas hipóteses.

As *respostas* constituem as reações ou alterações que se produzem nos agentes diante dos estímulos.

A definição do problema é dada pelos preparativos operacionais para isolar e compreender os fatores específicos que o condicionam no plano das hipóteses e das informações. Na definição do problema devem ser levadas em consideração:

❏ a *pertinência*, que permite saber até que ponto o problema é compreendido em termos de seus agentes, meio ambiente, propriedades relacionais etc.;

❏ a *exatidão*, que diz respeito ao rigor que deve ser observado na caracterização do problema, sem fugir de seus atributos;

❏ a *precisão*, que supõe prévio conhecimento sobre o problema, pois tende a caracterizá-lo tal como é na realidade;

❏ a *especificação*, que tem por objeto salientar os diferentes aspectos do problema através de definições apropriadas.

Para seu adequado desenvolvimento, a pesquisa científica deve ser delimitada em termos de condições de espaço, tempo e funções. A delimitação, particularmente a temporal, deve ser feita com cronogramas. Por sua vez, para o desenvolvimento da pesquisa, torna-se pertinente contar com um modelo de montagem. Basicamente podem ser utilizados os seguintes esquemas: modelos axiomático-indutivo; dedutivo e combinatórios.

A heurística da pesquisa consiste na metodização analítica das fases, passos e tarefas a serem observados na pesquisa científica.

Como mostra a heurística da pesquisa científica, existem tarefas extracientíficas que o pesquisador deverá levar em consideração para efetivar o empreendimento científico.

Estudo de campo

O estudo de campo pode ou não incluir o *survey*. Ele tem maior alcance do que o *survey*. Entretanto, o *survey* pode ser empregado antes do estudo de campo para estabelecer os critérios de representação amostral. O estudo de campo se interessa pelo levantamento de uma determinada comunidade, sociedade, instituição, grupo social. A pesquisa de campo pode ser desenvolvida considerando o método do estudo de caso, as técnicas de amostragem, observações controladas, entrevistas, aplicação de formulários, questionários, testes e escalas, seguidos de operações e análises estatísticas. Desse modo, o estudo proporcionará uma imagem mais completa e real dos fatos que tendem a caracterizar o problema que está sendo pesquisado. Por exemplo, no estudo de problemas trabalhistas entre operários e patrões, deve-se recolher posicionamentos de ambos, caracterizar por dados empíricos as formas organizacionais que assumem tanto as empresas quanto as agremiações sindicais dos trabalhadores. Deve-se considerar também os aspectos legais e determinar os contingentes de operários que formam filas nas agremiações sindicais e aqueles que não o fazem. Sugere-se, outrossim, recolher dados sobre as percepções, sentimentos, atitudes, movimentos de massa dos operários e as suas manifestações recíprocas; as hierarquias; as gratificações e salários indiretos que oferecerão uma configuração aproximada do problema para o estudo.

Na pesquisa de campo relacionada com levantamentos na economia, antropologia, sociologia, psicologia, serviço social, ecologia humana e outras áreas das ciências sociais, apresentam-se as seguintes situações: justificação dos investigados dentro da área de estudo; sua familiaridade e estabelecimento do *rapport*; suas atitudes comunitárias; os esquemas etnocêntricos e egocêntricos; as barreiras da linguagem e do significado de certos símbolos; a instrumentalização mais apropriada para a coleta de dados, e assim por diante.

Soluções padronizadas não podem ser fixadas. Entretanto, conforme as contingências situacionais, será possível, com um pouco de imaginação, criatividade e improvisação do pesquisador, enfrentar com sucesso algumas limitações, mesmo porque, no seu treinamento, o cientista teve, de modo simulado, que enfrentar tais problemas.

Tanto em economia quanto na sociologia, na psicologia social, no serviço social (desenvolvimento de comunidade) e na antropologia aplicada se admite a conveniência de aplicar experimentos em situações da vida real. Em lugar de um método existem muitos procedimentos relacionados entre si (métodos de ação, de avaliação, operacionais) que podem levar à realização de experimentos no próprio terreno.

O experimento de campo, em conseqüência, não pode ser considerado mais um tipo de estudo de campo, pois o desempenho, o planejamento adequado e a própria ação do pesquisador o transformam num manipulador de situações reais bem diferente do mero coletor de dados.

O traçado do planejamento de um experimento de campo não se afasta do desenho da pesquisa científica em geral, pois a seqüência de passos é: seleção e formulação de um problema, considerando a metodologia apropriada; apresentação dos objetivos da pesquisa, considerando suas metas práticas; determinação de amostra prévia de contato com a área da pesquisa; estabelecimento dos grupos experimentais e de controle; introdução dos estímulos e controle e medição dos efeitos.

Na aplicação desse tipo de estudo nas ciências humanas surgem limitações como as relativas à própria natureza dos recursos técnicos de pesquisa empregados e aos problemas éticos. No primeiro grupo, os aspectos residuais do diagnóstico da situação podem deformar a pesquisa, o que pode levar inclusive a falhas no planejamento e na execução da pesquisa. Em relação ao segundo conjunto de problemas, os experimentos de campo acarretam novas distorções de ética profissional e muitas delas menos fáceis de solucionar do que as referentes aos experimentos de laboratório ou aos estudos de campo em que o pesquisador não deve introduzir mudanças.

Resumo

- **Objetivo:** explicar a natureza dos fenômenos e as causas dos problemas que ocorrem na realidade, enriquecendo o conhecimento científico.

- **Fases principais:** preparação, trabalho de campo, coleta e análise dos dados, relatório final.

- **Planejamento da pesquisa**
  - projeto experimental
  - projeto programa
  - projeto *policy*

  Valores/critérios: prioridade, novidade, oportunidade e comprometimento, que decidem a escolha do problema.

  Definição do problema pela pertinência, exatidão, precisão, especificação.

  Modelos de montagem para o desenvolvimento da pesquisa: axiomático-indutivo; dedutivo; combinatórios.

- **Estudo de campo:** levantamento de determinada comunidade pelo método de estudo de caso, das técnicas de amostragem, das observações controladas, entrevistas e/ou questionários avaliados estatisticamente.

Etapas
1. Formulação do problema conforme metodologia
2. Objetivos da pesquisa
3. Amostra prévia de contato com área da pesquisa
4. Estabelecimento de grupos de controle
5. Introdução dos estímulos
6. Avaliação dos efeitos

CAPÍTULO 6

Operacionalização do planejamento

O planejamento indicativo ou indireto, utilizado pelo governo nos países capitalistas, atinge parte ou a totalidade das empresas privadas da economia. O planejamento global procura dar uma visão ampla do desenvolvimento da economia, fixando objetivos e tentando equilibrar oferta e demanda de bens em todos os setores. Portanto, deve constituir um processo contínuo. Entretanto, num país em desenvolvimento, a fase inicial começa por um programa de investimentos públicos, limitado a alguns setores estratégicos (infra-estrutura), onde são mais fortes os desequilíbrios entre oferta e demanda: transportes, energia e indústria de base. O Plano de Metas, à época, constitui bom exemplo desse tipo de planejamento no Brasil.

A técnica de planificação consiste em assegurar o equilíbrio entre os níveis de produção e de procura de bens, dada a oferta de fatores para determinadas metas básicas que nem sempre são compatíveis entre si. Em certas circunstâncias, por exemplo, uma alta taxa de crescimento do produto só seria viável com déficit no balanço de pagamentos ou com crescimento do emprego e da inflação.

Cabe, pois, ao planejamento:

- dar coerência aos objetivos;

- assegurar o crescimento da produção em níveis compatíveis com a demanda, utilizando os recursos disponíveis com a máxima eficiência;

- assegurar o crescimento da oferta de fatores de produção e maior efeito dinamizador/multiplicador.

O crescimento da renda *per capita* a uma taxa estipulada pelo próprio plano é o objetivo primordial. Esse crescimento da produção é dependente do nível de investimentos e da tecnologia empregada. Se a função de produção adotada for do tipo Harrod-Domar, onde é considerada constante a relação capital-produto, sabe-se de quanto deve ser o investimento para obter o crescimento desejado no produto. Uma função de produção alternativa, em que entrassem outros fatores e houvesse entre eles certo grau de substituição, facultaria uma escolha entre as técnicas de produção a empregar. O conhecimento da função de produção adotada possibilita uma melhor escolha da tecnologia, visando o rendimento máximo dos fatores produtivos.

Estimar a evolução da demanda agregada constitui a fase seguinte do planejamento. A viabilidade e a compatibilidade entre os vários objetivos do plano, como, por exemplo, o crescimento da oferta de bens e serviços e o nível de emprego, serão avaliadas. Para operacionalizar o processo, costuma-se utilizar um modelo econométrico indicando a evolução de cada componente da demanda agregada.

Essa primeira análise é feita para o país como um todo, com um alto grau de agregação de valor, o que dificulta a avaliação da viabilidade dos objetivos. Para uma real utilidade do plano, ele deve ser detalhado por setores.

As projeções de crescimento setorial obedecem, obviamente, ao modelo de crescimento econômico mais geral, fruto das decisões políticas. Assim, qual setor — agrícola, industrial, em seus diversos ramos, terciário — terá sua projeção de crescimento privilegiada será função direta do padrão de crescimento adotado. As projeções de demanda são feitas com base na elasticidade-renda da demanda de cada produto e no crescimento da população ou conforme parâmetros internacionais comparando consumo e renda *per capita*, tamanho de mercado etc.

A escolha se dá entre um crescimento equilibrado ou desequilibrado, fazendo com que ocorra uma efetiva realização da produção, seja com base no mercado interno seja no comércio exterior. Uma técnica auxiliar que não resolve o problema de alocação dos investimentos mas permite balancear a escolha feita e dar-lhe consistência interna é a da matriz de *input-output*.[2] A matriz mostra quais os coeficientes técnicos de produção de cada setor, isto é, quais as inter-relações entre todos os setores da economia. Assim, uma linha da matriz mostra quais os usos feitos da produção total de um setor, enquanto a coluna mostra todos os custos da produção necessários para obtê-la.

Embora a matriz permita testar a consistência das estimativas feitas por outros métodos, raramente ela é utilizada nos países subdesenvolvidos, por exigir um grande volume de informações. Mesmo com dados suficientes, o

---

[2] Insumo-produto.

uso da matriz tem suas limitações por estar baseado em certas hipóteses restritivas mas, mesmo assim, é um instrumento importante para o planejamento.

A existência de uma matriz insumo-produto e o conhecimento das disponibilidades de recursos fazem com que o uso da programação linear torne teoricamente possível encontrar os preços e as quantidades a produzir de cada bem, correspondentes à alocação ótima de recursos. Corrigidas as distorções do sistema de preços, torna-se a alocação dos recursos próxima à da livre concorrência. Na prática, isso não ocorre porque exige um controle muito grande da economia por parte do Estado.

O planejamento consiste em apontar o caminho mais racional do desenvolvimento, dadas as peculiaridades da economia.

Sobre os investimentos públicos o governo tem total controle, mas sobre o desempenho do setor privado o governo atua canalizando e direcionando a economia, de forma indireta, por subsídios, incentivos fiscais etc.

Conciliar as diversas políticas para melhor atingir todos os objetivos depende da elaboração de modelos mais complexos, nem sempre incluídos nos planos. Uma das dificuldades é que cada política deva resolver problemas de curto prazo, permitindo simultaneamente que os objetivos de longo prazo sejam alcançados.

A garantia de execução do plano vai depender da adequação dos instrumentos de planejamento aos objetivos políticos do governo.

Técnicas de planificação x política econômica

As técnicas de planificação não constituem o único requisito necessário para o processo de atuação do Estado sobre os fenômenos socioeconômicos. Igualmente não atuam apenas por procedimentos atinentes à elaboração e execução de planos governamentais.

O processo de atuação do Estado sobre os fenômenos socioeconômicos envolve, além das técnicas de planificação, uma série de outros requisitos e condicionamentos.

Os objetivos gerais do desenvolvimento não dependem apenas do planejador e devem ser determinados pelos poderes públicos que precisam atender, da melhor maneira possível, a toda a população.

Tendo em vista tratar-se essencialmente de definir uma política, os objetivos gerais podem ser estabelecidos apenas do ponto de vista qualitativo. Se, a partir daí, os poderes públicos se arriscassem a dar-lhes uma expressão quantitativa exacerbada, o plano correria o risco de não concretizar suas metas.

Evidentemente, poderão ocorrer conflitos entre os objetivos gerais assim definidos e o governo terá de escolher entre as muitas linhas de conduta. As decisões de ordem política serão de grande importância na repartição da renda, já que se trata particularmente da maneira como esta se distribui entre o consumo e a poupança, entre os grupos sociais e os setores de produção, e entre as diversas regiões do país.

O planejamento já foi considerado a maneira mais racional de resolver os problemas comuns através do instrumental de maior precisão possível. Convém, no entanto, destacar que a "racionalidade" depende da ótica: o que parece ser irracional para a comunidade pode ser extremamente funcional para o sistema global como um todo.

Os planejadores pretendem a direção central de toda a atividade econômica segundo um plano que aponte como os recursos da sociedade devem ser alocados para que se alcancem determinados objetivos. Mas esta não é a única maneira de tratar "racionalmente" a economia.

A própria complexidade estrutural dos modernos sistemas econômicos fornece o argumento mais forte contra o planejamento central. Cada vez se torna menos concebível que qualquer autoridade planejadora possa perceber milhões de conexões entre um número cada vez maior de atividades interligadas que se tornaram indispensáveis ao uso eficiente da moderna tecnologia e até a manutenção do nível de vida alcançado pelo homem ocidental.

Um dos argumentos a favor do planejamento econômico central é o de que seria vantajoso determinar por período razoavelmente longo o quadro geral da futura distribuição de recursos entre setores e empresas. Em outras palavras, o que é atualmente uma das principais tarefas dos responsáveis individuais, ou seja, antecipar com possível precisão os desdobramentos futuros de seus próprios interesses, seria resolvido antecipadamente por decisão governamental. Somente os detalhes ficariam por conta da comunidade empresarial. Aparentemente, o que se pretende com isso é dar aos administradores de empresas individuais maiores oportunidades de prever corretamente os fatos que afetarão suas atividades. Mas o resultado desse tipo de planejamento seria exatamente o oposto: aumentaria em muito a incerteza dos administradores, já que suas possibilidades de se adaptar às mudanças imediatas — as quantidades que teriam de comprar ou vender e os preços pelos quais o fariam — passariam a depender da distribuição oficial dos recursos e da orientação dos fluxos básicos de capital por parte do organismo de planejamento do governo. Para o administrador de uma empresa, este meio caminho entre um sistema totalmente planejado e o livre mercado seria na verdade a pior das soluções, já que suas possibilidades de provocar mudanças se tornariam criticamente dependentes da demora e da imprevisibilidade características das decisões burocráticas.

Implícita no argumento a favor do planejamento governamental da atividade industrial e comercial está a crença de que o governo, com uma burocracia convenientemente ampliada, estaria em melhor posição que as empresas privadas para prever a futura demanda de bens de consumo, de equipamentos e de matérias-primas.

Cabe perguntar, no entanto, se é possível argumentar seriamente que algum organismo governamental e, pior ainda, algum comitê planejador sensível a influências políticas seria mais capaz de antecipar corretamente os efeitos de futuras mudanças nos gostos, o sucesso de alguma inovação tecnológica, as mudanças nos níveis de escassez de diferentes matérias-primas, a quantidade de determinado bem a ser produzido, do que os próprios produtores ou intermediários. Pode-se realmente esperar que uma Secretaria Nacional de Planejamento seja capaz de avaliar melhor que a Ford ou a General Motors o número de carros ou geradores e a quantidade de comida congelada necessários num período, por exemplo, de cinco anos?

O que se deseja é que o governo planeje suas próprias atividades por longo período, anuncie e se comprometa a executar esses planos e dessa forma torne mais previsível sua ação. Seria na verdade uma grande bênção para a indústria se pudesse saber com alguns anos de antecipação o que o governo fará. Mas isso evidentemente não pode ser conciliado com o conhecido hábito de tomar medidas econômicas influenciado por objetivos eleitoreiros. E muito menos com os apelos para que o governo interfira nas atividades das empresas privadas para moldá-las a determinado plano governamental.

A atuação do Estado, além da coordenação das atividades econômicas, deve criar expectativas favoráveis aos investimentos. A importância de fatores psicológicos é enorme. Os empresários só investirão se estiverem otimistas quanto ao futuro, pois só assim terão garantia de auferir uma renda que compense o seu investimento. O governo deverá inspirar confiança com sinceridade de propósitos, coerência de sua política econômica, estabilidade e continuidade dos programas propostos. Tudo influi no ambiente político-social, propício ou não aos negócios.

Os promotores de mudanças políticas erram porque tomam decisões que não levam em conta o fato de que o público e os empresários já formaram expectativas sobre qual será a política e já agiram baseados nessas expectativas.

A primeira vez que se lança uma política poderá ser bem-sucedida, pois chega de surpresa. Em outros casos, deverá haver consenso e preparação prévia ao plano a ser executado. Mas, de fato, as expectativas dos empresários podem tornar as medidas corretivas de uma política contracíclica numa política procíclica. Em vez de estabilizar a atividade econômica, a política, na realidade, pode acelerar tanto a queda quanto a recuperação.

É sobretudo importante que haja o máximo de participação possível. Sem cooptação, sem se ouvir as principais classes produtoras, consumidoras e exportadoras, sem auscultar suas aspirações e necessidades como desejar que haja apoio e acatamento às medidas governamentais? Torna-se imprescindível que essas medidas sejam respaldadas no consenso o mais global possível, do contrário a própria autoridade fica minada, a estrutura basilar do sistema desmorona, a confiança no futuro se deteriora, a não ser que o diálogo amplo, a participação plena e a sensibilidade das autoridades para os problemas humanos do desenvolvimento consigam restaurar a confiança, a credibilidade e a coerência.

A firmeza de ação, a coesão interna, a sinceridade de propósitos são indispensáveis ao clima de confiança ou "estado de euforia" propício aos investimentos, cuja maturação demanda um período, findo o qual seguramente a conjuntura será outra. Daí a necessidade da compatibilização entre diretrizes claras e firmes e uma flexibilidade conjuntural.

As medidas de política econômica adotadas pelo governo devem visar solucionar problemas e favorecer investimentos produtivos com alto grau de dinamização. Muito embora as medidas sejam de natureza econômica, elas terão ampla repercussão em todo o sistema econômico-social-político e nem sempre as últimas conseqüências são consideradas. O poder dinamizador/multiplicador (positivo ou negativo) das próprias medidas precisa ser mais bem analisado.

Por outro lado, há uma defasagem de tempo entre a ocorrência do problema, a adoção das medidas corretivas e a implantação das soluções. As medidas podem até tornar-se contraproducentes já que, então, a conjuntura poderá ser totalmente diversa da anterior.

Outro ponto é o sigilo imediatamente anterior à adoção das medidas. A simples expectativa por parte dos empresários e do público em geral em relação à atitude do governo diante da conjuntura poderá prejudicar (ou ajudar) o sucesso do plano de correção da instabilidade.

A parte técnica da planificação constitui requisito necessário mas não suficiente e deve estar presente em todo o processo e não apenas em uma etapa deste.

Os objetivos do plano precisam ser coerentes e realistas.

A vida social é, na realidade, um jogo de interesses onde um grupo impõe seus objetivos aos demais. É preciso considerar que essa correlação de forças ocorre no plano político, econômico e social. Daí ser fundamental articular com habilidade esses interesses conflitantes em seus múltiplos aspectos.

Será que as concepções técnicas conseguem responder ao desafio dos problemas socioeconômico-políticos?

Os pressupostos básicos da planificação na América Latina são:

❑ *racionalidade formal* ou técnica baseada no cálculo em contraposição à racionalidade substantiva, material ou política baseada em juízos de valor. Ambas se complementam, mas a racionalidade formal é incapaz de indicar as possíveis decisões ao político. Ela é, pois, irreal e dificulta a operacionalização do processo;

❑ *totalidade* ou análise global das interdependências entre setores e fenômenos — ela é ambiciosa e inexeqüível, há que haver "ilhas de planejamento";

❑ *quantificação operacional* — difícil é a quantificação precisa das diretrizes e projeções;

❑ *equilíbrio* — na verdade é preciso planejar os desequilíbrios superáveis, pois o desenvolvimento é normalmente desequilibrado e provoca o surgimento de forças dinamizadoras;

❑ *estabilidade institucional* — deve ser compatível para a continuidade, a segurança e a confiabilidade do processo de desenvolvimento.

O ideal é que se adote uma estratégia de desenvolvimento como instrumento eficaz para que o político e o técnico melhor se complementem e se compreendam. A planificação deve ser adotada como instrumento de ação do governo, além de instrumento de formação de consciência para a necessidade de se efetuar mudanças.

É preciso avaliar devidamente a viabilidade política para se realizar tais mudanças. Na verdade, a planificação na América Latina surgiu mais como instrumento de implantação do processo de industrialização via substituição de importações, como metodologia de projeções de médio e longo prazos, isto é, como um método para um determinado padrão de desenvolvimento sem permitir nenhuma criatividade na busca de novas soluções. As técnicas de planificação progrediram exatamente quando o modelo de substituição de importações estava em declínio. A planificação — como análise de perspectivas — difere fundamentalmente de um método de "ação programada".

A planificação exige abrangência e flexibilidade. O planejador geralmente não possui a sensibilidade do político e do empresário para avaliar corretamente as aspirações, necessidades e carências dos vários grupos sociais e muito menos para projetá-las para o futuro. Como se pretende operacionalizar um processo contínuo se há desconhecimento da realidade presente?

Torna-se necessário lembrar, também, que a estrutura da economia deve ser bem integrada: os setores e atividades devem ser inter-relacionados para que haja rápida propagação das conseqüências das medidas.

Portanto, a administração deve ser razoavelmente centralizada — centralização da coordenação, descentralização da execução — a fim de que os efeitos dinamizadores possam atuar a contento.

Segundo Bettelheim (2001), a planificação deve conduzir à expressão quantificada da política econômica e social. Dá-se grande importância aos aspectos técnicos para viabilizar os planos, para adaptar objetivos e meios que sejam coerentes, que se ajustem às possibilidades objetivas e correspondam às prioridades estabelecidas.

No entanto, a planificação implica decisões políticas, pois a sua elaboração exige não só a participação do órgão planejador como das unidades produtivas e comerciais, e do Estado como representante do sistema social como um todo. Além disso, certas estruturas econômicas, sociais e políticas são avessas à planificação. Em tais casos, não há planificação verdadeira mas programação econômica.

O planejamento é paradoxal: espera-se que crie as condições necessárias ao próprio sucesso. Mas os princípios do planejamento nem sempre são compatíveis uns com os outros. A coerência interna exigida choca-se com a busca de adaptabilidade. É necessário renunciar não só ao modelo de planejamento global mas a qualquer outra tentativa formal de planejamento: a adesão ao planejamento formal produz não maior racionalidade, mas, sim, maior cinismo. O planejamento de longo alcance constitui sonho inatingível, uma vez que ninguém sabe como relacionar os setores da economia nos anos futuros, de maneira significativa, de modo que as decisões de hoje sejam reformuladas.

Recomenda-se o aperfeiçoamento do orçamento e a ênfase em projetos, mais controláveis do que os grandes planos. O fracasso de um projeto representa menores prejuízos. Dados os limitados recursos disponíveis nos países subdesenvolvidos, tal estratégia permite maior flexibilidade, que os grandes projetos, quando concebidos de maneira errada, eliminam completamente, gerando numerosos "elefantes brancos": hidrelétricas cuja construção parou a meio caminho, rodovias ambiciosas sem uso e manutenção, túneis cuja perfuração se arrasta por décadas.

Pequenos projetos exigem menor número de informações, menos pessoal qualificado e recursos mais limitados. A estratégia de pequenos projetos tem a vantagem do pensar em pequena escala. Um grande número de pequenos projetos, com horizontes limitados, aumenta consideravelmente as probabilidades de aprendizado, adaptação e correção.

Reconhecer, portanto, a necessidade de planejamento, localizado centralmente, não significa querer ter, na mesa do planejador, a matriz de toda a economia e sociedade, e impor-lhe uma ordem lógica, abrangente, exaustiva. Implica, antes, aceitar que há dinamismos positivos, há "ilhas de planejamento", há mais talentos decisórios do que os que estão no órgão de planejamento, e que, quando for necessário planejar além do que já ocorre espontaneamente, é preciso fazê-lo usando ao máximo os próprios mecanismos naturais que presidem a ação das organizações públicas e privadas, induzindo ao uso dos recursos ociosos, que toda sociedade e organização escondem. Os *clusters*[3] constituem bom exemplo.

---

[3] Concentração de investimentos diversificados em determinada área dotada de infra-estrutura a fim de desencadear efeitos dinamizadores.

É paradoxal que justo agora, quando se possui um consenso sobre a importância do planejamento e um instrumental tão sofisticado para as técnicas de planificação, sobretudo para as de elaboração do plano, tantos fracassos tenham ocorrido e que o sentimento de impotência diante dos grandes problemas fundamentais da sociedade esteja se alastrando e o ceticismo em relação ao planejamento esteja tão alto.

Mas, por outro lado, se o Estado não se responsabilizar pelos planos diretamente, os grandes complexos globais ficarão sós, planejando para a maximização de sua eficiência. Embora sua faixa de manobra seja mínima, o Estado entra aí mais como negociador para compatibilizar programas e projetos de curto prazo com as diretrizes de longo prazo dos vários setores da economia. Essa coordenação é até desejada pelos complexos globais que, no fundo, pressionam o governo a planejar.

Deve-se talvez analisar melhor o sujeito do planejamento que se confunde com o Estado: ele busca sempre alternativas políticas, que requerem uma grande capacidade de barganha dos governos. A implantação do processo de planejamento exige a colaboração de grupos de empresários representativos de determinadas camadas da população. Os objetivos e os meios para alcançá-los devem ser aceitos em troca de favores concedidos pelo Estado: liberações de preços, isenções de impostos, subsídios. Sempre determinados grupos serão privilegiados.

Segundo Jorge Miglioli, entretanto, essa arma só é eficaz quando a situação econômica vai bem. Quando a situação é crítica, os interesses conflitantes se aguçam e torna-se difícil, se não impossível, conciliá-los.

As técnicas de implantação infelizmente não acompanharam a evolução das técnicas de elaboração do planejamento. Como a execução dos planos envolve problemas políticos, seu equacionamento torna-se complexo. Além da limitação do poder decisório por parte de pressões externas e internas, o Estado brasileiro ainda se vê tolhido em executar qualquer tipo de planejamento, pois mais de 70% das verbas disponíveis no orçamento estão comprometidos com despesas correntes.

Diante da contradição interna do Estado, o dilema dos planejadores é frustrante: se o plano é politicamente viável ele se torna desnecessário; se ele objetiva mudar as estruturas vigentes irá contrariar os interesses da classe dominante e nunca será implantado. Daí porque muitos planos eficazes jamais são aplicados e muitos planos aplicados jamais são eficazes.

O maior mérito do planejamento é forçar o Estado a se organizar, a conhecer seus recursos e potencialidades e projetar sua produção dentro dos limites impostos pelas pressões externas e internas.

Na prática, o planejamento não visa apenas tentar resolver os problemas socioeconômicos da comunidade, mas conciliar a garantia do máximo de eficiência e lucratividade possível dos poderosos complexos globais — que, no fundo, comandam todo o processo de planificação — com os objetivos político-sociais do Estado. Visto por esta ótica, até se poderá concluir que o planejamento é eficiente e extremamente racional e funcional para o sistema global como um todo.

Os governos possuem um segundo "objetivo oculto" com o planejamento: é conciliar os seus interesses — de classe dominante — com os dessas poderosíssimas organizações internacionais, a fim de se manterem no poder.

A construção do plano

As diferenças entre os diversos tipos de planos implicam diferenças específicas nos métodos e procedimentos de suas respectivas elaborações. A coordenação do conjunto do plano, independentemente da sua natureza, obedecerá sempre a um grupo de problemas, obrigatoriamente tratado em todos eles:

❏ o objetivo do plano;

❏ os meios disponíveis para a realização do plano;

❏ as condições extra-econômicas que podem interferir na evolução dos processos econômicos;

❏ a situação econômica concreta a que se refere o plano, isto é, o sistema de atividades econômicas que deve ser alterado pela realização do plano.

Todos estes problemas são interdependentes. Terão, portanto, que ser tratados em conjunto. Os objetivos não podem ser determinados sem levar em conta as condições econômicas e extra-econômicas dos meios necessários para a sua realização e, por sua vez, os meios serão identificados levando-se em conta a capacidade de realizar os objetivos.

Objetivo. Do ponto de vista do planejador, o objetivo é determinado pelo grau de modificação da realidade que se pretende, ou seja, a intensidade do planejamento. Nas economias desenvolvidas, capitalistas, o planejamento tem, em geral, como objetivo não a determinação da trajetória ótima de desenvolvimento, mas algo intermediário entre essa trajetória e o caminho de menos resistência, apenas procurando corrigir algumas distorções da evolução um tanto arbitrárias dos processos econômicos, reconhecidas como oscilações conjunturais, ou, então, a liquidação do atraso em alguns setores (o primeiro plano francês chamou-se Plano de Modernização).

Nos países subdesenvolvidos, o objetivo do plano é a maximização da taxa de crescimento da renda nacional, o que não é um fim em si mesmo, mas também é uma condição que deve ser atingida por meio da realização de outros objetivos.

A dificuldade principal na determinação da taxa de crescimento é o conflito, em curto prazo, entre as tendências para aumentar o investimento necessário para obter a taxa desejada e para aumentar o consumo da população mesmo à custa da redução do ritmo de crescimento. Para resolver esse problema, estabelece-se uma série de alternativas, mas o critério de decisão permanece sendo sempre de natureza política.

O mesmo pode ocorrer, por exemplo, com os investimentos em defesa nacional: não são apenas critérios econômicos que podem indicar o quanto seja necessário alocar, num determinado período, numa dada situação internacional, e que chega a atingir níveis que poderão condicionar o desenvolvimento de toda a economia. Há vontade e decisão política deliberadas.

O consumo individual, por exemplo, não pode ser determinado exclusivamente pelo objetivo da maximização da taxa de expansão da renda e pelo cálculo econômico, embora este consumo seja em grande parte decorrente daquele objetivo. Outros objetivos como, por exemplo, políticas habitacional e salarial, que decorrem do primeiro objetivo, em última instância são decididos de um ponto de vista político.

Portanto, o objetivo da maximização da taxa de crescimento da renda nacional deve ser atingido pelo estabelecimento de uma hierarquia de outros objetivos, cuja realização a ele conduz.

Esse aspecto do critério político de decisão envolve a questão chamada preferência política do processo de planejamento. A identificação da preferência política é um esforço que o planejador faz na tentativa de levar em conta fatores institucionais e psicossociais que possam tornar o plano mais lógico, procurando estabelecer uma escala e o tipo de dificuldades que possam aumentar ou diminuir as chances de realização do plano.

A preferência política assim compreendida não tem nada a ver com a afirmação, muito freqüente, de que o planejador deva raciocinar "exclusivamente do ponto de vista econômico" e que os fatores políticos deverão corrigir a racionalidade do plano, introduzindo as suas preferências.

Meios. São disponibilidades, como mão-de-obra, capital, recursos naturais, conhecimentos técnico-científicos e todo um elenco de instrumentos de política econômica.

Esse conjunto de fatores será estudado para se verificar até que ponto eles poderão ser usados para garantir a realização do plano que se quer construir. Por exemplo, a limitação dos instrumentos de política econômica pode ser decorrente de fatores institucionais. Essa limitação, portanto, condiciona o seu direito de intervir e a forma de intervir em tal ou qual setor.

Instrumentos de política econômica podem ser criados quando não existem. Por exemplo, juntamente com a elevação do nível de vida torna-se necessário aperfeiçoar meios de atuar sobre as preferências do consumidor.

Condições extra-econômicas. O conjunto de problemas não-econômicos com os quais o planejador tem de lidar podem ser grupados em quatro classes principais: *as condições naturais, a tecnologia, os recursos humanos* e *os fatores institucionais*.

Condições naturais. São cruciais a localização geográfica, os recursos naturais, as condições de clima e suas oscilações. Sob certas condições, o planejador pouco tem a fazer mas procurará sempre atuar no sentido de vencer limitações que daí possam frear o processo de crescimento econômico (prospecção de recursos, irrigação, reflorestamento).

Tecnologia. O progresso tecnológico não é uma variável inteiramente independente da atividade consciente do planejador. Se é muito difícil agir sobre a criação desse conhecimento tecnológico, torna-se relativamente mais fácil atuar sobre a assimilação e a adaptação desse conhecimento quer ele seja produzido no país ou no exterior.

Recursos humanos. Os processos demográficos, por exemplo, quando se considera um plano de curto prazo, são dados exógenos ao processo de planejamento. Em longo prazo, o planejador pode procurar atuar diretamente: atuação pedagógica (planejamento familiar), atuação material (estímulos financeiros, como salário-família, salário-educação), promoção de atividades culturais e de lazer.

O homem também é um consumidor. As preferências do consumidor não caem do céu, também não existe nenhum instrumento para comparar utilidades marginais. Este é um problema bastante complexo do qual os sociólogos e psicólogos têm muito a dizer. De qualquer modo, existe sempre alguém tentando, conscientemente, atuar sobre a configuração chamada preferência do consumidor: o produtor, o vendedor, ou, ainda, a influência consciente de uma política de preços, propaganda, marketing e moda. Afinal ela é conscientemente formulada por alguém.

Em termos de planejamento, adota-se, em princípio, a tese de uma limitada liberdade de escolha do consumidor. Isto significa que o plano deve procurar adaptar-se à preferência do consumidor sempre que não exista nenhum meio de modificá-la, mesmo quando ela for considerada inadequada para facilitar a realização dos objetivos do plano. De qualquer modo, o planejador não deve, *a priori*, desistir de estabelecer uma certa estrutura da demanda.

A falta de liberdade de escolha pode ser entendida como uma restrição ao direito de escolha individual e de aquisição dentro dos limites da renda disponível de cada um ao se tentar impor ao consumidor o que deve ser adquirido. A renda limita, a propaganda induz e a moda condiciona o que deve ser consumido.

O problema da soberania deve ser entendido fora dos quadros do *Homo aeconomicus* porque o processo de racionalização da escolha parece não resultar exclusivamente da tendência à maximização da satisfação ou de motivos econômicos.

Seria difícil não levar em conta o papel da produção na configuração da demanda. Nos últimos anos, o progresso da ciência e da técnica conseguiu que fosse possível melhor satisfazer antigas necessidades. Mas alguns produtos até então desconhecidos criaram novas necessidades a serem satisfeitas.

A produção em série criou necessidades coletivas para depois satisfazê-las. A monopolização da produção, em certos setores, pode levar à não-inovação e à degeneração da qualidade, com "aperfeiçoamentos" puramente formais (indústria automobilística: o modelo do ano) em que o novo *design* induz ao consumismo.

Essas considerações não objetivaram esgotar um problema de mérito que se põe diante do planejador. A finalidade é principalmente a de alertar para a responsabilidade e a dificuldade da tarefa de quem pretende elaborar e executar planos.

Resumo

- **Planejamento:** processo abrangente e contínuo envolvendo todos os setores, agentes e interesses em um movimento coerente que visa ao eficiente crescimento da produção, compatível com o aumento da oferta dos fatores disponíveis.

- **Matriz insumo-produto:** analisa as inter-relações entre todos os setores econômicos pelos usos da produção total de cada setor e os respectivos custos necessários para obtê-la (coeficientes técnicos).

- **Técnicas de planificação x política econômica:** interesses conflitantes precisam ser coordenados a fim de tentar tornar compatível a política econômica com as diferentes técnicas de planificação.

  O que parece funcional para o sistema como um todo pode ser estritamente irreversível e prejudicial para determinadas comunidades.

- **Dilema dos planejadores:** se o plano é politicamente viável, torna-se desnecessário; se ele objetiva mudar as estruturas vigentes, irá contrariar os interesses da classe dominante e, portanto, nunca será implantado. Daí porque muitos planos eficazes jamais são aplicados e muitos planos aplicados jamais são eficazes.

- **A construção do plano:**
    - **objetivo** — crescimento ou desenvolvimento;
    - **meios** — disponibilidades como mão-de-obra, capital, recursos naturais;
    - **condições** — meio físico, tecnologia, recursos humanos, fatores institucionais.

- **Maior mérito do planejamento:** forçar o Estado a se organizar conforme seus recursos e potencialidades.

CAPÍTULO 7

Roteiro para elaboração de projetos

Item	Conteúdo	Objetivo	Procedimento metodológico
Aspectos introdutórios	Apresentação	Identificar o projeto e a equipe elaboradora. Relacionar as etapas do projeto.	Nome do projeto, definir a equipe de elaboração em termos de: função, nome e profissão, campo a que se destina. Entidade que irá sancionar.
	Justificativa	Esclarecer sobre a necessidade do projeto.	Fundamentar o motivo da elaboração do projeto. Objetivos principais.
	Análise conceitual	Apresentação do universo de conceitos relevantes que serão usados no projeto. Esquema teórico.	Levantamento de conceitos de diferentes autores. Determinação dos elementos teóricos. Elaboração dos conceitos para o projeto.
Diagnóstico	Estudo da realidade que receberá a intervenção	Definir a situação. Dar visão global do problema. Fornecer elementos que auxiliem a formulação do diagnóstico.	Definição dos dados a serem pesquisados. Levantamento de bibliografia sobre o assunto. Identificação da posição de diferentes autores e/ou experiências. Definição das fontes a serem utilizadas na coleta dos dados. Coleta direta ou indireta de dados.

continua

Item	Conteúdo	Objetivo	Procedimento metodológico
Diagnóstico	Caracterização da realidade e do problema	Levantar a demanda e as aspirações. Correlacionar as variáveis que intervêm na situação. Levantar os indicadores significativos.	Definição da situação. Comparar a situação com as demais correlatas. Definir a estrutura da situação (especial, estrutural, funcional e social). Analisar os valores e interesses da população ou da instituição sobre o problema.
Diagnóstico Análise situacional	Apresentação da causalidade da situação	Dar elementos que propiciem a formulação de alternativas de intervenção. Interpretar os dados obtidos. Esclarecer a situação quanto às necessidades gerais e específicas.	Levantar os fatores determinantes da mudança e persistência da situação. Levantar as variáveis determinantes do fenômeno ou situação.
	Projeto do desenvolvimento do problema	Análise do desenvolvimento da situação.	Verificar se a situação tende a agravar-se ou não. Realizar o tratamento projetivo dos dados, cálculo das probabilidades. Levantar o grau de interesse da população na intervenção. Fixar as conseqüências previsíveis da ação planejada ou não-planejada e vice-versa.

continua

ROTEIRO PARA ELABORAÇÃO DE PROJETOS

Item	Conteúdo	Objetivo	Procedimento metodológico
Diagnóstico Análise institucional	Análise do universo institucional	Verificar as formas pelas quais o problema vem sendo atendido. Completar o diagnóstico, em termos de necessidades gerais e específicas, quanto ao atendimento do problema. Conhecer as diretrizes da política de atendimento do problema nas esferas governamentais.	Visitas às instituições. Cadastros, levantamentos. Análises bibliográficas. Conhecimento dos planos governamentais e suas diretrizes no atendimento do problema.
	Análise da instituição sancionadora	Contatar a instituição. Obter elementos para as proposições de intervenção e sua viabilidade.	Estudo da estrutura da instituição sancionadora. Competência legal para atender ao problema. Volume de pessoal, especialização. Instalações físicas. Orçamento (déficit, superávit).
Fixação de objetivos gerais e específicos	Levantar as finalidades próximas e remotas de ação	Estabelecer as finalidades de intervenção. Definição dos objetivos, mediatos e imediatos.	Os objetivos deverão relacionar-se com a área de competência da instituição. Devem relacionar-se com planos de outros níveis. Devem ser definidos com clareza. Devem ser viáveis e coerentes com o contexto geral da problemática e das condições de intervenção.

continua

Item	Conteúdo	Objetivo	Procedimento metodológico
Estabelecimento da política de ação	Definir as diretrizes que orientarão a intervenção	Orientar a intervenção. Definir a forma pela qual o problema será tratado. Definir o conteúdo inovador e/ou estimulador do projeto. Definir a estratégia de intervenção.	Formular diretrizes que revelem a filosofia adotada em face do problema, que gerem a ação e não carreguem consigo utopias. Devem relacionar-se com os objetivos e com as proposições, ter coerência. Devem dar a estratégia de ação do projeto (sobre que aspecto da realidade irá intervir).
Estabelecimento da clientela	Definição e fixação da clientela	Definir quem será atendido pelo projeto. Quantificar o volume do atendimento.	Levantar a demanda. Definir os critérios da caracterização da clientela (sexo, idade, renda etc.). Quantificar a clientela a ser atendida correlacionando-a com as metas e as viabilidades de recursos. Estabelecer etapas de atendimento. Correlacionar percentualmente a parcela que será atendida (clientela limitada).

continua

ROTEIRO PARA ELABORAÇÃO DE PROJETOS 77

Item	Conteúdo	Objetivo	Procedimento metodológico
Proposições de intervenção	Levantar as hipóteses e alternativas de intervenção	Propor diferentes formas de tratamento do problema. Selecionar as alternativas em função da projeção de seus resultados.	Definir com clareza o problema. Considerando os objetivos e a política, levantar alternativas de ação. Ponderar e analisar os efeitos das alternativas e usar critérios objetivos de seleção (maior interesse público, menor custo social, maior benefício/custo etc.). Análise da maior viabilidade ou exeqüibilidade.
Detalhamento de proposição	Orçamento	Levantamento do custo do projeto para implantação e manutenção. Análise do acréscimo de despesas. Financiamento do projeto.	Transformar os itens relativos a pessoal, equipamentos e instalações em termos de custo. Levantar os custos para manutenção. Determinar o custo imputado no projeto. Indicar as fontes, a renda e o parcelamento das verbas.
	Medidas administrativas ou legais	Propor a modificação de termos legais e os instrumentos de diferentes níveis que propiciem a operacionalização do projeto.	Formular a redação de projetos, regimentos, ordens. Propor reformulações de leis regimentais, estatutos.
	Estabelecimento do instrumental a ser utilizado	Modelos de fichas, relatórios, protocolos.	Verificar toda a forma de registro dos serviços, prever seu modelo e quantidade.

continua

Item	Conteúdo	Objetivo	Procedimento metodológico
Fixação do controle e avaliação do projeto	Prever o cronograma de controle, seus instrumentos.	Estabelecer os instrumentos de controle de produção, de produtividade, do custo imputado do produto final.	
Estrutura e organização	Definir o procedimento, a rotina, a estrutura e o funcionamento da proposição selecionada.	Demonstrar a forma pela qual o problema será tratado. Montar o organograma da proposição e sua vinculação com a estrutura existente. Montar o fluxograma da produção.	
Prazos e etapas de execução	Fixar o tempo previsto para o projeto (implantação, execução, revisão). Fixar as etapas do projeto. Definir as metas.	Definir a etapa de implantação e sua previsão. Elaborar o cronograma. Elaborar metas de atendimento quantificadas em termos de tempo e clientela. Montar as metas coerentes com objetivos, políticas, prazos, clientela. Metas viáveis (e que permitam a avaliação) compatíveis entre si mesmas e complementares.	

continua

Item	Conteúdo	Objetivo	Procedimento metodológico
	Dimensionamento dos recursos humanos	Montar o quadro funcional.	Estabelecer o pessoal necessário (quantidade e especialidade). Determinar a área de atuação do pessoal e funções nessa área. Fixar o regime de trabalho (horário e período). Verificar se há correspondência quanto ao número e especialidade profissional e a proposta do projeto. Verificar a necessidade de prever treinamento de pessoal. Compatibilidade com orçamento e clientela a ser atendida.
	Dimensionamento dos equipamentos e instalações	Definir o quadro geral dos equipamentos e instalações. Definir o material permanente.	Número de salas necessárias, metragem e finalidade. Número de mobiliário necessário e sua especificação. Previsão de maquinário necessário e sua quantificação (essencial e auxiliar). Determinação do sistema de aquisição do material. Instalações e equipamentos previstos (correspondem às exigências do projeto e são adequados aos serviços?).

continua

Item	Conteúdo	Objetivo	Procedimento metodológico
	Dimensionamento dos recursos necessários para manutenção do projeto	Definir o volume de material e verba do gasto de consumo mensal.	Previsão do material de consumo. Material necessário à manutenção dos equipamentos. Verba a ser utilizada com a clientela e com os serviços. Levantar o custo mensal com a duração do projeto, para avaliar seu custo total e também seu custo por produto.
	Prédios e instalações Orçamento	Prever o projeto arquitetônico no caso de o projeto envolver construção.	Localização do terreno. Programa arquitetônico. Projeto de construção.

Bibliografia

ABRAMO, Perseu. *Pesquisa social: projeto e planejamento*. São Paulo: Brasiliense, 1994.

ALVES, Magda. *Como escrever teses e monografias*. Rio de Janeiro: Campus, 2003.

BETTELHEIM, Charles. *Planificação e crescimento acelerado*. Rio de Janeiro: Zahar, 2001.

BRANDÃO, Carlos Rodrigues (Org.). *Pesquisa participante*. São Paulo: Brasiliense, 1984.

BRAVO, Pedro Vuskovic. *Técnicas de planificación*. Rio de Janeiro: FGV, 1978. ms.

BRUYNE, Paul de et al. *Dinâmica da pesquisa em ciências sociais: os pólos da prática metodológica*. Rio de Janeiro: Francisco Alves, 1977.

CAPRA, Fritjof. *A teia da vida*. São Paulo: Cultrix, 2001.

CASTRO, Cláudio de Moura. *Estrutura e apresentação de publicações científicas*. São Paulo: McGraw-Hill, 1996.

———. *A prática da pesquisa*. São Paulo: McGraw-Hill, 1997.

CINTRA, Antônio Octavio. *Planejamento compreensivo: nota crítica e esboço de contraproposta*. Belo Horizonte, 1978. ms.

———; ANDRADE, L. A. Gama de. *Planejamento: reflexões sobre uma experiência estadual*. Rio de Janeiro: FGV, 1977. ms.

ECO, Umberto. *Como se faz uma tese*. São Paulo: Perspectiva, 2002.

GOODE, W.; HATT, Paul. *Métodos em pesquisa social.* São Paulo: Companhia Editora Nacional, 1997.

HAYEK, F. A. A nova confusão sobre planejamento. *Jornal do Brasil,* Rio de Janeiro, 30 jan. 1977.

IBBD (Instituto Brasileiro de Bibliografia e Documentação). *Normalização da documentação no Brasil.* Rio de Janeiro: IBBD/ABNT, 1994.

LAFER, Betty Mindlin. *Planejamento no Brasil.* São Paulo: Perspectiva, 1995.

MARRAMA, Vittorio. *As principais etapas do planejamento.* Rio de Janeiro: FGV, 1977. ms.

──────. *Problemas e técnicas de programação econômica.* Lisboa: Clássica, 1995.

MAX, Hermann. *Investigación económica, su metodologia y su técnica.* México: Fondo de Cultura Económica, 1983.

MIGLIOLI, Jorge. *Problemas econômicos e políticos do planejamento.* Rio de Janeiro: FGV, 1977. ms.

MUNHOZ, Dércio Garcia; MATOS, Hélio de Carvalho. *Técnica de pesquisa econômica.* Brasília: UnB, 1979. ms.

NUNES, Rizzatto. *Manual da monografia.* São Paulo: Saraiva, 2001.

ONO, Urana Harada. *Curso prático de planejamento social.* Belém, 1975. ms.

REFLEXIONES en torno a los problemas actuales de la planificación en América Latina. Santiago: Ilpes, 1968.

RUDIO, Franz Victor. *Introdução ao projeto de pesquisa científica.* Petrópolis: Vozes, 2001.

SEVERINO, Antônio Joaquim. *Diretrizes para o trabalho didático-científico na universidade.* São Paulo: Cortez, 2000.

VIEIRA, Sônia. *Como escrever uma tese.* São Paulo: Pioneira, 2002.

ANEXO

Fases da pesquisa

Administração da pesquisa	PLANEJAMENTO
	Elaboração do projeto
1. Decisão/estímulo.	1. Escolha e delimitação do tema.
2. Formulação dos objetivos.	2. Definição dos termos/justificativa.
3. Levantamento dos recursos, das fontes.	3. Proposição do problema/esquema teórico interpretativo.
4. Providências administrativas.	4. Formulação de hipóteses de trabalho.
	5. Delimitação do universo.
	6. Seleção de instrumentos e técnicas (questionários, formulários, entrevistas).
	7. Construção de questionários/ entrevistas.
	8. Testes dos instrumentos de observação (pesquisa piloto).

EXECUÇÃO

Observação	Interpretação
1. Coleta de dados.	1. Síntese da problemática.
2. Tratamento dos dados.	2. Construção de modelos, esquemas.
❏ Seleção.	3. Ligação com a teoria.
❏ Codificação.	
❏ Tabulação.	

APLICAÇÃO

Comunicação	Utilização dos resultados
1. Definição do público-alvo.	1. Aplicação para o processo decisório.
2. Tipo de mensagem (linguagem).	2. Formulação do plano de ação.
3. Codificador (tradutor, adaptador para cada tipo de público).	3. Execução do plano de ação.
	4. Controle do plano de ação.
4. Relatório final: resultados obtidos.	
Metodologia utilizada.	

Esta obra foi produzida nas
oficinas da Imos Gráfica e Editora na
cidade do Rio de Janeiro